一击即中的
一页纸

[日]浅田卓 著

付奇鑫 译

中国科学技术出版社

·北 京·

Original Japanese title: KYOI NO 'KAMI ICHIMAI!' PUREZEN
Copyright © Suguru Asada 2020
Original Japanese edition published by Nippon Jitsugyo Publishing Co., Ltd.
Simplified Chinese translation rights arranged with Nippon Jitsugyo Publishing Co.,
Ltd. through The English Agency (Japan) Ltd. and Shanghai To-Asia Culture Co., Ltd.

北京市版权局著作权合同登记 图字：01-2021-0561。

图书在版编目（CIP）数据

 一击即中的一页纸 / （日）浅田卓著；付奇鑫译 . —北京：
中国科学技术出版社，2021.6
 ISBN 978-7-5046-8999-3

 I. ①一… II. ①浅… ②付… III. ①工作方法 – 通俗读物
IV. ① B026-49

中国版本图书馆 CIP 数据核字（2021）第 049418 号

策划编辑	申永刚　吕赛熠
责任编辑	陈　洁
封面设计	马筱琨
版式设计	锋尚设计
责任校对	焦　宁
责任印制	李晓霖

出　版	中国科学技术出版社
发　行	中国科学技术出版社有限公司发行部
地　址	北京市海淀区中关村南大街 16 号
邮　编	100081
发行电话	010-62173865
传　真	010-62173081
网　址	http://www.cspbooks.com.cn

开　本	880mm×1230mm　1/32
字　数	125 千字
印　张	6.125
版　次	2021 年 6 月第 1 版
印　次	2021 年 6 月第 1 次印刷
印　刷	北京顶佳世纪印刷有限公司
书　号	ISBN 978-7-5046-8999-3/B·65
定　价	49.00 元

尽量不用说话，就把信息传递给对方

非常感谢你阅读本书。虽然书名看起来很像出租车上的视频广告语，但这其实是一本内容非常严肃的实用书籍。如果你在翻阅本书时有所感触，那就请和我一起开启一段阅读的旅程吧。

市面上以如何发表演讲、制作文件资料为主题的书籍浩如烟海，有的人可能已经阅读过几本这类书籍了，当然有的人也可能是第一次接触商务类书籍。无论你是哪一种读者，我都有几个要点想要事先阐明。

本书与其他制作资料的指导书、演讲指南书有何不同之处呢？

其在于本书特有的三个关键词，即"时代性""不变性"和"稀有性"。

首先就是"时代性"。什么是"时代性"呢？

2015年，我编写了《丰田一页纸极简思考法》（日本桑马克出版社）（SUNMARK）一书，这是我作为一名作家的处女作。当时，这本书在每月商务类书籍排行榜上荣登榜首，并跻身于年度销售的前四强（数据来源：根据日本"国家出版协会"发布的数据统计）。该书备受众多读者的青睐，其销量累计超过25万册，并被5个国家翻译，均成了畅销且常销的书籍（截至撰写本书时）。

我除了从事作家这个职业，还是一名成人教育专家，平时从事一些"教学工作"。通过开展企业培训与演讲，我常有机会和日本各地的企业人士接触，至今我仍然经常接到以这本书为主题的演讲委托，累计培训已经超过了10000人次。

但这本书已经是五年前出版的，而我们周围的商务沟通环境也发生了巨大的变革。

特别是近五年，随着"工作方式改革"的呼声不断高涨，越来越多的人开始以各种眼花缭乱的方式开展工作。（就在本书完成之前，新冠肺炎疫情在全球暴发了。此次疫情将加速推动工作方式的变革。）

我之前就职于丰田汽车公司（以下简称"丰田"），过去我还在那上班时，受公司劳动管理条例的制约，在公司之外的地方办公是受到严格限制的。而现在就连丰田公司东京总部，都传出了东京奥运会和残奥会举办期间需要居家办公的消息。

现在，丰田公司的宗旨都变成了"即使不到公司出勤，工作也要照常运转"，变化之大令人惊叹。

不过我觉得这个情况并非丰田公司独有。在你所在的公司里，或多或少也会有类似的趋势吧。

坐着摇摇晃晃的通勤列车，一名上班族到公司的办公楼上班。开会的时间到了，大家都离开自己的座位，到会议室开会。每个人手上都有好多份资料，会议室前方的屏幕上正投射着用于发表的演讲幻灯片。在昏暗的会议室里，大家一边看着不断切换的幻灯片，一边不时地翻看手中的资料，并听着发表人的演讲说明。随后，大家根据议程需要进行反复评议、讨论、答疑解惑，在议程的最后作出结论，直至会议结束。

直到现在，这都是当今日本商务交流的典型场景。因此近30年间出版的商务类书籍，大多都是以这个场景为前提撰写的。

而与之相对的，我这本书是在2020年年初出版的。为了跟上商业环境瞬息万变的节奏，我们必须更新制作资料、发表演讲的方式和方法。比如：

- 在远程会议和远程洽谈不断增加的情况下，演讲的资料该如何制作呢？
- 如何正确使用"商务聊天"和"电子邮件"进行工作沟通？
- 盲目接受"数字化"的工作方式真的好吗？

考虑到商业环境的变化，我编写了此书。通过与业界内不同领域的企业人士沟通对话，我反复斟酌想要出版的内容。

你如果有与他们相似的烦恼，我希望你能好好地利用这本书。

其次，继"时代性"之后，第二个关键词是"不变性"。

当今的商业沟通环境的确发生了巨大的改变。

置身于这个不断变化的时代之中，人们往往更倾向于关注"变化"本身。

然而，还是应该有一些东西"没有改变"，或者说"不能改变"。

无论时代与环境发生怎样的变革，思维方式和世界观绝不会失去价值。制作资料与发表演讲亦是如此，它们都具有这种"本质"内核。反之，如果一个人没有掌握要领，就试图顺应新的沟通方式，终将导致沟通的失败。原本想要提高沟通效率，但实际上却浪费了更多时间，或者不得不像重复车轱辘话似的说了一遍又一遍，如此而已。这可能就本末倒置了。

我会在本书的第1章给大家进行详细讲解，在这儿我只给大家举一个例子："**制作资料的本质，就是对工作进行深入思考**。"

我们不能仅因为"发表演讲时有需要"而制作资料，更应该在制作资料的过程中，对自己承担的工作进行"深入思考"。

- **这项业务现在面临的"最大问题"是什么？**
- **这项业务需要你用怎样的"应有姿态"去处理呢？**
- **你是否搞清楚这项业务"归根到底究竟想要干什么"？**

当我们与文件资料对话时，就应该对这些问题进行"深入思考"，这才能让我们文档中的每一个字都经得起反复推敲。正因为经历了这一过程，我们在发表演讲时才能做到胸有成竹。但我听说有的公司以"无纸化"为口号，甚至"禁止制作文件资料"。即便没这么极端，随着公司逐步引进商务聊天、居家办公等模式，制作资料的需求恐怕也在逐渐减少。

当然，我绝不是否定这些交流方式。

我只是想让大家意识到，随着制作资料的机会不断减少，人们对自己承担的工作业务进行"深入思考"的机会也在不断减少。

现代社会的企业员工，被剥夺了在工作中进行"深入思考"的机会。如果这是一个既定的事实，那我们就必须意识到，除了制作资料还需要有某种方法，能确保我们有对工作进行"深入思考"的机会。

在本书的第2章、第3章中，我将为大家分别介绍"一页纸"资料制作法、"一页纸"演讲法，其基础正是我们要在第1章中学习的"一页纸"**思路整理法**。大家可以把"思路整理法"简单理解成"深入思考的方法"。无论我们身处哪个时代，"深入思考的能力"都是极其重要的"**不变之力**"。如果你能读完这本书并付诸实践，只需写"一页纸"，就可以提高自己的这种思考的能力。无论是制作文件资料，还是发表演讲，其都将成为你日常商务沟通的得力助手。

本书将以契合时代需求的形式，增强你应对工作的"不变之力"。

这正是"不变性"这个关键词的深刻含义。

最后，本书区别于其他同类型书籍的第三个关键词就是"**稀有性**"。

我曾经是一个特别不擅长发表演讲的人。但是现在，我却有机会以"改进商务沟通"为主题，在日本各地进行演讲或培训。我还开设了自己的商学院和网络沙龙，让更多的人能够学习我的课程。

　　实际上，以前在众人面前演讲时，我经常讲到一半就忘记自己要说什么。或者当我想跟领导汇报自己的方案时，因为原本就不知道该怎么说，所以一连几天都无法表达出来，工作也停滞不前。

　　拯救我于水火之中的，正是丰田"一页纸"文化。

　　我当时所处的职场中，沟通的基本要求是尽量"不要空着手或者口头表述"。我们手头都有"一页纸"资料，大家一边看着对方的资料，一边提建议、做汇报、搞联络、谈协商。对于非常不擅于沟通交流的我来说，这个习惯可真是帮了大忙。在准备"一页纸"资料时，我能经历前面提到的对工作进行"深入思考"的全过程。因此，即使是像我这样不擅长商务沟通的企业员工，也能自信地演讲工作方案，更重要的是，给对方看自己深思熟虑制作的"一页纸"资料，再与对方沟通，正好实现了"几乎不用说话就能传递信息"的目的。

　　具体方法将在第3章中详细介绍，我认为发表演讲的本质是：

> **"Silence is goal（沉默是目标）。"**

也就是说，我希望你能认识到，"**尽量不用说话，就把信息传递给对方才是发表演讲的目标**"。

通过阅读本书你将掌握"一页纸"演讲的能力，这个能力就是以"沉默是目标"为基础的。既然几乎没必要说话，时间自然会"缩短"。

以前需要30分钟才能发表的演讲，现在只需10分钟，甚至根据表达方式的不同，可能趋近于0秒。虽然很多人在看见本书标题时会想："0秒说明？这不可能！"但其实这里自有诀窍和技巧。

接下来，我将在本书中为大家详细介绍"**0秒说明**"演讲的具体方法，期望大家学有所获。现在，大家是不是觉得"这本书好像有点儿不一样的东西"了呢？

由此可见，其他同类书籍所不具有的"**稀有性**"是本书的一大特点。

我这样一个曾经不擅于发表演讲的人，究竟是如何通过书写"一页纸"克服自己弱点的呢？基于本人的亲身经历，我撰写了本书。

发表演讲类的工具指南书，其作者往往是一些极具人格魅力的大演讲家、主持人，你是否也有与他们相当的魅力呢？如果你有的话，本书的内容就不重要了，就请你尽情地施展魅力，继续感染他人吧。但是，如果你像过去的我一样，既不擅长发表演讲，也不擅于交流沟通，打心底里想要"尽量不用说话就赶紧把活儿干了"的话……

　　相信这本书一定会成为你的"座右之书"。

　　至此，如果你已与我产生共鸣，就请和我携手踏上全书的旅程吧！期待我们能在正文中再会。

一页纸工作室

董事长　浅田卓

目录

第2章　"一页纸"资料制作法　/　076

第3章 "一页纸"演讲法 / 116

从"0页纸"
到"一页纸"

开始"0秒说明"前的准备工作

非常感谢你的阅读。

我知道你此时肯定在想，赶紧说说"0秒说明""一页纸"演讲的具体方法吧！但是先别急，凡事不能打无准备之仗。在序章中，让我们稍微开阔一下视野，聊聊"宏观背景"吧。这个"宏观背景"，关系到大家每天所处的工作舞台，也就是"日本商业环境的变化"。不过请放心，这本书并不是一本学术类书籍，所以语言表述上不会特别晦涩。

但作为先决条件，我们首先要达成一点共识，就是"一页纸"演讲的创建，立足于怎样的商业环境之中。

当你在实际操作过程中产生各种疑问时，只有搞清楚这一点，你才能通过整理自己的思路得到答案。"为什么要这样做？""这个步骤有什么意图？"你对这些问题的回答，都取决于你在序章之中得到的认识。

我会尽量表述得更加通俗易懂、言简意赅。

你可以在之后重复阅读参考，不过首先请先一口气通读一遍吧。

我在前言中提到了，自从2015年出版了《丰田一页纸极简思考法》一书后，我接到的企业培训和登台演讲的邀约数量激增。接下来给大家讲一段我曾经与某个大公司协商时的对话。

洽谈中，该公司人事资源部经理向我表述了这样一个观点：

"我们白领的80%工作内容都是准备资料和开会。"

我听完后第一反应是："不要妄下定论啊！"但是其实我也深有同感，所以继续听他说：

"我们曾经就提高资料制作效率和会议效率多次进行过各种讨论。发现如果想要使文件资料的制作效率提高到极致，干脆不制作资料，才能最大限度地节省时间，这就是所谓的无纸化办公。但是也有不同的意见，认为这样做开会时会比较难以沟通。

"毕竟手上拿着10多份资料，肯定无法节省时间啊！

"其实，提高制作资料效率和会议效率二者之间有一个交叉点，就是'一页纸'。用'一页纸'当资料，用'一页纸'演讲召开会议，这才是商务交流的最佳方案。于是，我们决定邀请浅田老师，为我们进行专题培训。"

说实话，平时很少有公司会事先主动发表"深入思考"后的感言，所以当时的这段话我记忆犹新。我说"至今"都记得，是因为这段话是2015年说的。这五年间，商业沟通环境发生了巨大的变化，与五年前风格迥异的"资料"和"会议"也越来越多，你所在的公司是不是也出现了这种情况？

我想表达的是，本书的主题"一页纸"资料和"一页纸"演讲，与其所处的大环境，其实是"对立"的。我们现在正处于风力极大的"逆风向"当中。

让我用三个"关键词"来解释这个观点。

关键词一："0纸化"的世界

第一个关键词就是"0纸化"的世界，即沟通交流"更加数字化"。

例如，近几年，我从学员那里听到越来越多类似下面这样的话：

"说实话，今年我基本没怎么用电脑制作文件资料。"

> "我好像都想不起来最后一次打印资料是什么时候了。"
>
> "自从公司所有员工都配备平板电脑以后，开会时一边看平板一边看资料，已经成为公司惯例了。"

简而言之，越来越多的企业员工表示，"资料的制作在逐渐减少"或"根本不再制作资料"。

即使制作了一份资料，也不用打印机打印出来。取而代之的是，大家都用自己的电脑或者平板显示器展示资料，所有人都能看见并参与讨论，这样的场景在各个职场中逐渐日常化。

看到这里大家可以想一想，你所在的公司里沟通环境正发生着怎样的改变呢？大家务必正视自身情况，接着往下阅读。

关键词二：商务聊天的普及

第二个关键词就是数字化加速发展带来了"商务聊天的普及"。

电子邮件于20世纪90年代末开始流行，大约在20年后，

"商务聊天"的方式开始渗透到商务沟通中，大家在职场中可能也使用过Slack①、Chatwork②、Teams③之类的工作软件。2019年年底，就在我写这本书时，我有幸在一个企业研讨会上为各行各业的企业人士进行演讲。当时我做了一个调查，"请问有人用商务聊天开展工作吗？"大约有40%的人都举手了。

由于IT界和风投界在很早之前就开始采用商务聊天模式了，所以可能有些读者会觉得"只有40%吗"？不过，根据我在企业项目中进行的定点观测和调查结果来看，近3年来商务聊天的普及速度明显加快了。再过几年，这个比例就会超过50%，甚至可能一眨眼就会超过80%。

但我们现在仍处于过渡期。相信有不少读者都在疑惑："商务聊天是什么？"那我就简单地给大家解释一下。

商务聊天，是一种进行商务沟通的手段，其比电子邮件更加便捷，正如字面所说，就像你真的在和对方聊天/对话一样。由于其并不需要像电子邮件那样使用"非常感谢您的帮助""如题所示"之类的套话，因此商务沟通的效率明显提高。

---

① Slack：聊天群组＋大规模工具集成＋文件整合＋统一搜索。——译者注
② Chatwork：日本一个企业内部通信协作平台，它允许企业设立不超过40人的内部聊天群，支持PC端和移动端。——译者注
③ Teams：一款由微软开发的可以在手机上进行远程会议以及文件传输的商务软件。——译者注

除文字沟通之外，商务聊天还能轻松实现语音交流、视频交流等一问一答的交流模式，相比过去，人们可以更加灵活地选择提建议或者汇报、沟通、协商等不同方式。此外，和真实对话不同，商务聊天不仅可以在数字空间中轻松留下聊天记录，还可以更加迅捷地与其他人共享聊天内容。

从信息记录与共享角度来看，这可以说是一个非常便利的手段，因为其能防止常见的"搞不清楚到底说没说过"的问题。

因为这种新型沟通手段的出现，一些企业员工开始有了如下思考：

> "一直以来，无论是制作资料还是写电子邮件，都是死板又麻烦的事情。"
>
> "有这种'闲工夫'的话，不如赶紧趁着聊天时沟通工作，在随意交流的过程中就把工作搞定了，这样效率也会更高。过去受条件限制，不见面没法聊天，现在只要利用商务聊天，无论任何时间或地点都能轻松实现工作沟通，简直是再方便不过了。我以后就用聊天的方式开展工作了。"

很多人都有上述共鸣，所以越来越多的企业都相继采取了商务聊天的模式。事实也是如此，我曾经调研过使用商务聊天模式的学员，自己和同事之间的沟通次数比之前有所增加。

然而，写电子邮件、制作资料的频率却有所下降。

一开始，大家还通过聊天共享资料信息，但后来就开始有人抱怨："这么点儿工作至于单独做份文件吗？""手机上看文件太费事了，打视频电话告诉我重点就行了。"基于这些原因，总之现在大家都用聊天的方式共享资料，压根就提不起劲儿打开文档夹。

有这种想法的人不在少数。慢慢地，就再没有人制作资料了，你所在的公司里是否也有类似情况呢？或者即使现在没有类似情况，如果以后你所在的公司引入了商务聊天，会不会也变成这样呢？

关键词三：远程办公的推广

我想说的最后一个关键词就是"远程办公的推广"。类似的词还有很多，比如"居家办公""在家工作""多样化的工作方式"等。挑选一个你最容易理解的词就可以了。

总之,"远程=远距离,办公=工作",换句话说,在家工作,在任意地点,日本各地、世界各地等,都可以。不同时间、不同地点、工作方式各异的人们,都能通过互联网进行商务沟通,这种工作方式将会成为常态。

用"一页纸"演讲的观点来看,这种环境变化意味着什么呢?毕竟"即使只有一张纸,制作资料还是很麻烦。"

我曾经和一个在家办公的学员聊天,他说他家里根本就没有打印机,这让我十分惊讶。

据他说,他们职场上的沟通洽谈,全部都是通过一个叫作"ZOOM"的在线会议软件进行的。当远距离开会时,让所有参会人员都制作资料,打印出来互相展示,边看边说,实在是有点儿困难。

所以文件资料就越来越少了。这种模式尝试了半年后,他觉得没有什么问题,就把打印机放到煤炉网(日本二手网站)上卖掉,再也没用过了。

以上就是我要说的"更加数字化""商务聊天的普及""远程办公的推广"三个关键词。

简言之,完全用"**数字化**"方式进行商务沟通的人数,或者觉得商务沟通需要与今后时代发展相适应的人数都在不断增加。

因为我们还处于过渡期，所以此时此刻你阅读本书的看法，以及你周围的情况当然是不尽相同的。不过，今后的大趋势仍然会向着我所提出的方向靠拢，我希望大家能事先保有这种认知。

（本书完稿之前，新冠肺炎疫情在全球暴发了。在这种突发情况下，很多公司便开始采用远程办公模式，但也有很多公司来不及多想，就匆忙采用了这种办公方式，这之后恐怕会造成混乱局面。但不论发生什么，对那些因匆忙推行远程办公模式而陷入混乱的公司来说，本书所提观点和所作说明，无疑是有帮助的。我希望本书能为大家在今后工作中助一臂之力。）

"一页纸"演讲很有必要

看到这里，有些读者可能会稍感不安。

这本书明明以"一页纸"演讲为题，怎么变成了用资料进行商务沟通是被时代所淘汰的话题了呢？

还有些读者可能觉得，"刚一开头就赘述了这么多问题，接下来该怎么自圆其说？"从而对本书的写作方向有些怀疑。

不要担心，我们最后的结论肯定会回归到【"一页纸"演讲

很有必要 】上来。

想要得出这个结论，最关键的就是下面这四个字：

"思路整理。"

接下来要如何展开呢？即使之前写了那么多的阻碍、难点，"一页纸"演讲仍然有必要吗？它能跟"思路整理"这个词产生什么联系呢？

如果你抱有这种疑问，就请接着往下读吧。

我的工作是在成人教育界中，向广大企业员工推广"一页纸"总结经验。

正因为从事这个工作，所以我听到过很多消极的评价。一言以蔽之，就是"使用资料进行演讲已经没必要了吧？"

甚至还有人跟我说，"我记得过去好像也流行过几次，用一页纸做出××那样的资料和发表演讲之类的，这阵风早就吹过去了。"

面对看法环境的改变，我的观点如下：

正因为"0纸化"时代即将到来，"一页纸"总结法才变得越来越有必要！

无论我个人怎么看，数字商务沟通的趋势都会不断加快，并渗透到各个领域。我们正进入"0纸化"时代，不再使用纸质材料了。但是，无论是商务沟通"更加数字化"，还是"商务聊天的简单化和便捷化"，又或者"远程办公的普及化"等，都将削弱企业人士的"某种能力"。

关于这个问题，我从10多年前开始就一直抱有危机感与紧迫感。

所以在2015年，《丰田一页纸极简思考法》一书问世了。

这并不是危言耸听。

"某种能力"，指的就是"**深入思考的能力**"。

在"数字化"时代，培养员工深入思考的能力

我在前言中提过，当我还是丰田公司的一名上班族时，每天都在用"一页纸"制作资料，并通过发表演讲开展工作。

所有资料都被总结到了"一页纸"上。

虽然现在看着挺简单，但其实适应过程真的很难。

当时我唯一能做的，就是努力模仿之前老员工们准备过的资料，即最大限度地依葫芦画瓢。并且我的"大作"给上级领导看完后，都会被批注得满页通红，然后退回来。就这样来来回回数百次之后，我终于明白了，除了要将资料整理成"一页纸"以外，更重要的是"应该问什么样的问题"。

凡事都应该问其"所以然"。

- 这个项目原本想要达到什么目的？
- 现在产生的问题的原因、原因的原因是什么？
- 采取哪些最有效、最实用行动呢？

多亏了必须把资料整理成"一页纸"的"限制"，我才能自然而然地养成了从本质出发考虑问题的习惯。我试着整理自己的想法，重新写出来，然后再反复思考，试图找到一个更加贴切的词。于是，越是打磨自己的思想，越能将每句话压缩得更短，资料的页量也就越少。

最终目标就是把资料压缩成"一页纸"。

刚开始的时候，为了能学会这种思维方式和基本操作，我每天都加班加点工作。即使后来已经内化于心，形成习惯，仍然有时仅仅为了准备资料而在公司加班到深夜。

如果在现在"工作方式改革"的背景下，这样做肯定会被人呵斥"赶紧回家"！

但凡事都不能只看表象就草率下定义。

我可不仅仅是在制作资料，而是在将资料归纳到"一页纸"上的同时，对自己的工作进行"深入的思考"。

我在20多岁时磨炼出"深入思考的能力"，成了我受用一生的财富。

在自主创业的7年间，我的业务能力水平一直稳步提升，我之所以能写出6本书，就得益于在丰田公司整理"一页纸"资料时练就出"深入思考的能力"。

> - 正因为"深入思考"了，资料才能被压缩成"一页纸"的长度。
> - 正因为"深入思考"了，发表演讲时，语言才被打磨得无比精练。
> - 经过"深入思考"说出的话，更具说服力。

所以我在发表演讲时，很少再被人评头论足。即使被人吐槽了，由于经过了"深入思考"，无论对方提出什么问题，我都能随机应变、巧妙回应。一旦有过几次巧妙的回答，对方就会觉得我让人很放心、值得信赖，我也不用再三番五次地赘述了。最终，我能在最短时间内发表大量的演讲。这就是你手中"一页纸"演讲这本书，即将向你展现商务沟通的奇景。

读到这里大家能发现，我已经用过好几次"工作方式改革"这个说法了。

我对这个词的理解，可以概括为以下这句话：

> **工作方式改革的核心就是"深入思考的能力"。**

在"深入思考的能力"较为薄弱的情况下，一味地追求节约时间、提高工作效率，只会导致沟通流于形式、浮于表面，最终导致泛泛的沟通不断增加。同时随着无纸化和数字化的沟通方式不断推进，制作资料的机会已经越来越少。

在这个时代中，越来越多的人认为，通过制作资料"深入思考"后的沟通方式已经过时了，还是商务聊天这种更加方便快捷沟通方式更好……

让那些还没有掌握"深入思考的能力"的企业员工们，去实践完全"数字化"的工作方式，将会发生什么呢？我这儿恰好有一个很具代表性的例子，这是一位几年前在职场中尝试过商务聊天模式的、任职经理的学员跟我讲的事例。

> "由于大家都依赖商务聊天，使沟通的质量明显下降。我的员工经常脑袋空空，什么都没考虑，立马就找我聊天、做汇报、搞联络、谈协商。其实从很多年前开始，在公司以外的地方开展工作的模式就已经普及了，所以无论我在哪儿，员工都能逮着机会跟我聊天，逃都逃不掉。
>
> "别的暂且不论，至少在跟我说话前，员工自己应该先好好考虑一下内容吧。
>
> "好多时候我根本不知道他们想说什么，或者其实他们自己也不知道到底要说什么，我们反反复复地确认一遍又一遍，时间就这么浪费了。这样的工作模式根本毫无效率可言。"

得出这段评价的大背景，我已经在前文中梳理得很清楚了。

雇佣没有养成"深入思考再工作的习惯"的员工，就会"聊着聊着，一天就这么过去了"。由于这些员工并没有养成深入思考的习惯，所以一旦他们遇到问题，就会像用手机软件搜索答案一样，立刻"上别处寻找答案"，和周围的人商量。

其实，能轻易做到低头请教，本身就是一种优势，而且在当今时代中，信息资源也确实是相当丰富的。

但如果你是一个养成了"深入思考后再工作的习惯"的企业员工，你就不会在第一时间盲目地向周围人请教。或者即使讨论，使用的词汇也会很精练，不过多占用周围其他人的宝贵时间，这才是"工作方式改革"想要实现的目标，这才是"数字化"办公的正确模式。

从根本上来说，就是你是否具有"深入思考的能力"。

如果公司引入了商务聊天模式，职场的沟通效率肯定会提高。

想要推广商务聊天模式的人都在强调这一点，但事实真的如此吗？

我从丰田公司离职后，并没有马上开始自主创业，还曾经在一家名为GLOBIS的商学院工作过一段时间。GLOBIS是一家考取工商管理硕士（MBA）学历的培训学校，这个学校里聚集了来自各行各业的商业精英。

我发现这些公司员工和丰田公司员工的区别在于，他们"几乎不准备资料"。即使他们聚在一起开会，也很少准备资料，顶多是各自在电脑上确认电子邮件中列出的议事日程（议题）。如果有需要的话，大多数情况下他们还会在开会时使用白板。

即使不准备资料，工作仍能顺利推进，就得益于这些公司都有一批拥有"深入思考工作的习惯"的员工。哪怕没有将资料一件一件准备出来，只通过脑子"深入思考"，也能把工作做好。

就算在会议中突然出现了僵局，由于与会员工"深入思考的能力"极高，问题往白板上一写，也能当场立刻得到解决办法。

如果你所在的公司是建立在员工均有如此高水平基础之上的组织，那办公使用数字化工具将如虎添翼。

只有在"即使没有纸，大多数员工也能深入思考工作的环境"中，"更加数字化"的模式才更加合理。

然而，你所在的公司是什么样的呢？

你的公司中是否所有员工都有"深入思考工作的习惯"呢？除非在职业生涯中的某个阶段接受过全面培训，否则一个员工恐怕很难仅凭动动脑，就建立起高度的"深入思考的能力"。

虽然培训的方法多种多样，但通过每天制作资料、多次参加会议，就能逐渐加深自己对承担工作的理解，也能抓住工作的本质。这就是我进行"深入思考能力"培训的方法。

这种方法，即使没有"一页纸"的限制，也应该是大多数公司的"基本工作方法"。

随着"数字化"办公方式全面普及，为提高"深入思考能力"而进行的一系列基本操作也逐渐退出舞台。

希望大家能注意到这个盲点。

至此，我们讨论了随着数字化时代的到来，培养"深入思考的能力"的机会是否被逐渐剥夺了这个问题。

"那我们公司干脆就别用商务聊天办公模式了！从现在开始就埋头整理资料，然后天天开会，天天加班！"

不过，话也不能这么说。

制作资料的机会确实越来越少了，今后越来越多的演讲工作都将以无纸化的方式进行。如果真是这样的话，我们就必须做出改变，才能跟上时代的步伐。我在本章开头也提到了，"80%的工作都是在准备资料和开会"。我为什么要跟大家提起这句话呢？因为：

80%的工作都需要通过制作资料和开会才能"深入思考"。

所以在某种程度上，我的看法和这句话有重合的地方。无论是制作资料还是开会，其实这些都只是我们在工作中进行"深入思考"的一种方式。希望大家能以更高的角度重新审视这个观点，明晰那些不应被忽略的重点。

"制作资料和发表演讲"都只是一种"手段"。其"目的"是进行"深入思考"。这样的话——

> **只要能达到"深入思考"的目的，使用任何手段都可以。**

如此一来，让我们尝试转变观念吧！

由两个步骤打磨出的"思路整理法"

终于，我要给反复使用的"深入思考"一词，好好下一个定义了。

在本书中——

> **"深入思考"就是不断重复"思路整理"的过程。**

那么,"思路整理"又是什么呢?

"**思路整理**"就是"**整理信息资料**""**总结思路想法**"。

这两个步骤统称为"**思路整理**"。

以我自己的经历为例。在丰田公司就职时,我的具体职务是企业海外网站运营(就是全球站点)管理员。当我负责对这个站点进行彻底更新时,最先做的事情就是"整理信息资料"。

首先,我对发布在公司网站上的内容进行逐一确认,并列出条目。此外,尽可能多地收集竞争对手网站的相关信息。这就是两个步骤中的"①**整理信息资料**"阶段。

接下来,我将本公司网站和对手公司网站进行对比,将发现的问题进行改进,整理成资料。这就是"②**总结思路想法**"的步骤。最后将"思路整理"的结果汇总到"一页纸"上,并与相关各部门进行反复讨论。

讨论的过程让我搞清楚了一些之前一直没弄明白的问题,也让我意识到自己仍有很多信息掌握不全。

于是我再一次重复了"①整理信息资料""②总结思路想法"这两个步骤,对资料进行润色。完成后,我会和其他相关负责人员继续协商,如果有新的信息,我就继续重复一连串的"思路整理"流程。

> ①整理信息资料→②总结思路想法→①整理信息资料→②总结思路想法→①整理信息资料→②总结思路想法→①整理信息资料……

不断重复"思路整理"的过程，就是实践对工作"深入思考"的过程。

以上就是我的经验之谈，我鼓励大家尝试一下，重新以"①整理信息资料→②总结思路想法"的"思路整理"步骤，梳理一下自己的工作。

不论你从事什么工作、就职什么行业，这两个步骤都能完美适用于所有业务，大家一定要尝试。

在实践过程中，最重要的就是"**多次重复**""思路整理"的步骤，这将帮助你提高"深入思考能力"。

如果你每天都实践练习，随着熟练程度的增加，即使之后重复的次数减少了，你也能应对自如。

同时因为每重复一次，"思路整理"的质量就能得以提升，因此速度也会不断提高。

最终，即使你不准备资料，也能以同样的高水平完成工作，达到前面提到的商学院学员们那种工作模式的效果。

"多次重复"这一要点，将在本书第1章以及之后章节反复出现，相信你读完整本书以后，就能融会贯通了。

那么，在21世纪20年代的商业环境下，我们到底应该如何运转整个"思路整理"的循环过程呢？

我认为，通过总结"一页纸"进行"资料制作"，就能实践这个循环过程。

但是，时代的改变正剥夺着我们制作资料的机会。

"那就用无需制作资料的方法达成这个目标！"

在得出这个结论之前，我已经"深入思考"了很多年，经过这么多年的思考与尝试，我设计与构建出的正是：

"一页纸"思路整理法。

这并不是一种"制作资料"的方法，而是一种"思路整理"的方法。请先填写【图01】的表格，我再为大家作具体解释。

图01　只写"一页纸"的思路整理法

• 日期：01/01 • 主题：			

• 日期：01/01 • 主题：	what?	why?	How?
P1?			
P2?			
P3?			

通过灵活运用手写表格，可以轻松锻炼自己的"思路整理"能力；通过反复书写"一页纸"，任何人都能将"深入思考的能力"培养成一种习惯。

需要考虑的是，"思路整理"的结果应该放在哪种载体上传达信息。关于这一点：

- 将"思路整理"的内容，反映在"资料"中发表演讲。
- 将"思路整理"的内容，反映在"电子邮件"中发送邮件。
- 将"思路整理"的内容，反映在"聊天"中进行对话沟通。

归根结底，正因为这不是"制作资料"，而是"思路整理"，所以它才能应用到各种沟通输出方式中。

我经常对我的学员强调一句话：

"思路整理"比"制作资料"更加重要。

一旦你掌握了这个问题本质，那么：

- 今后还要不要继续进行制作资料工作？
- 公司是否应该引入商务聊天模式？

> **• 这种情况该如何发送电子邮件？**

类似上述这些问题，都将迎刃而解。只要你能掌握"思路整理法"，无论你今后采用什么沟通手段，都能信手拈来，做到随机应变。

你将始终保持一颗初心，不畏时代潮流的摆布，进行大量且高效的沟通交流。"一页纸"思路整理法，正是助你实现这一目标的法宝。

如果大家觉得"这本书用通俗易懂的语言把未来商业环境的本质说清楚了"的话，我感到很高兴。不过遗憾的是，由于这次新冠肺炎疫情的冲击，我认为公司在今后"只是简单地尝试一下思路整理，就直接进入数字化时代"的现象，在各地将屡见不鲜。

诚然，"数字化"在推进工作方式改革的道路上起着十分重要的作用。毋庸置疑，但关键在于我们到底是否具备应对数字化的"深入思考的能力"。对我之前的观点进行再次定义：

> **工作方式改革的核心就是"深入思考的能力=思路整理的能力"。**

我之前说过，正因为"0纸化"时代即将到来，使用"一页纸"才越来越有必要。相信大家已经加深了对这句话真正含义的理解。

> **正因为"0纸化"时代即将到来，掌握"一页纸"思路整理法才越来越有必要。**

在理解了这些基本信息的前提下，我将按照如下顺序进行接下来三个章节的学习。

- **第1章："一页纸"思路整理法**
- **第2章："一页纸"资料制作法**
- **第3章："一页纸"演讲法**

相信大家已经明白我为什么要按照这个顺序讲了。

虽然本书以"一页纸"演讲为主题，但重点既不是第2章也不是第3章，而是第1章。接下来将在第1章中详细讲述"一页纸"思路整理法，这种方法能让你掌握"深入思考的能力"。只要做到了这一点，无论是第2章的"一页纸"资料制作法，还是第3章的"一页纸"演讲法，你都能轻松攻克。带着这点认识，让我们进入下一部分吧！

第 1 章

"一页纸"
思路整理法

我们在序章中达成了如下三点共识：

- 随着商务沟通向"数字化"方向不断推进，"制作资料"的机会逐渐减少。
- 随之而来的，就是过去通过制作资料及对工作进行"深入思考的机会"被剥夺了。
- 很多企业员工并没有意识到被剥夺"深入思考的机会"这个问题，他们盲目地顺应了无纸化和数字化时代的趋势。

根据以上三点，我们可以得出一个非常重要的信息，即：

> 要立足于时代发展的浪潮，我们必须学习"思路整理法"，并通过实践来锤炼自己"深入思考的能力"。

这是一个从未如此需要我们主动地、独立地、自觉地学习"思路整理"方法的时代，这就是21世纪20年代的商业环境。我希望大家紧追时代发展的步伐，在培养出坚强的信仰与自信心之后，于日常发表演讲中取得成功。

此番愿景，催生了我们将在本章中提到的"一页纸"思路整理法。

丰田"一页纸"资料的"三个特点"

为什么我能"深入思考"自己的工作呢？答案正如序章中所说的，因为当我还是一名上班族时，每天都忙于"制作资料"。关于这一点，首先让我来做一个比序章更为实际的说明。

当时的丰田公司有一种企业文化，就是在进行所有交流时都必须携带"一页纸"。无论是企划书、汇报书、分析资料，还是行程确认表、职业面试等，都不能空手交流。大家都是在手头有张纸的情况下，做提案或者进行汇报、联络、商谈之类的工作。

虽然此举并未形成明文规定，但是7万名员工中的大多数人都以这种工作风格作为基本操作模式。

在这里，让我们一起看看丰田公司"一页纸"资料的例子吧。大家请看【图02】。

图02 在丰田公司工作时制作的"一页纸"资料参考案例

方案书

○○主任　　　　　　　　　××年××月××日
　　　　　　　　　　　　○○○部　浅田

关于 ××× 的方案书

1. 方案的背景

2. 方案的概要

3. 资金预算、订货方等
　①
　②

4. 日程表

以上

出差汇报书

○○主任　　　　　　　　　××年××月××日
　　　　　　　　　　　　○○○部　浅田

出差汇报书

1. 出差目的
　①
　②

2. 洽谈结果
○方案1
○方案2
○方案3

3. 应对措施

以上

主题

框架

解决问题

○○主任　　　　　　　　　　　　　　　　　　　××年××月××日
　　　　　　　　　　　　　　　　　　　　　　○○○部　浅田

项目推进流程表

1. 明确问题
　①
　②

2. 把握现状

议题	议题要点	详细内容
①	1→1 1→2 1→3	
②	2→1 2→2 2→3	
③	3→1 3→2 3→3	

3. 设定目标

4. 原因分析

5. 对策建议
　①
　②
　③

6. 实施结果

7. 今后努力方向
　①
　1
　2
　②
　③

以上

031

乍一看，好像和其他企业文件没什么差别。重点到底是什么呢？其实该表集成了如下三个特点：

- 将内容整理成"一页纸"。
- 用"框架"圈起来。
- "主题"列在每个框架的顶部。

不知大家平时所做的资料，或者职场中随处可见的文件，是否具备这样的特点呢？大家务必亲自对比一下平时常见的商业文件，以加深对这三个特点的理解。

特点一：将内容整理成"一页纸"

第一个特点就是所有内容都被归纳到"一页纸"上。

受"一页纸"的限制，所以我们不能把所有信息都填充进去。因此，我们在制作资料时，自然要想到如下问题：

- 绞尽脑汁想一想，自己这次到底想说什么？
- 问题摆在眼前时，其最主要的原因是什么？
- 实现最终目标时，我将面对的最大障碍是什么？

多亏了"一页纸"的限制，在丰田公司工作的员工才能把日常的"深入思考"当成家常便饭。

现在似乎有些人喜欢用"A3文化"来指代"一页纸"文化，但我觉得最好还是不要用这种说法。虽然确实有人不用A4纸，而用A3纸进行"一页纸"总结，但日常生活中还是用A4纸的人比较多。

正如我在序章中提到的，现在工作中需要打印文件的情况越来越少了。由于需要在电脑端或平板上操作确认，所以A3纸的尺寸并不合适。

即使有时需要打印文件，由于远程办公所处的工作环境各不相同，也很难找到一个能打印A3纸尺寸的打印机。可能之前"A3文化"这个叫法还说得过去，但在21世纪20年代的商业环境下，这个概念显然不成立了。当然，肯定还是会有一些企业，尤其是制造业，坚称"我们公司至今仍使用A3纸"！所以这个说法也要视情况而定。

其实"到底是A4纸还是A3纸"，尺寸问题本身并没有探讨的价值。我只是希望大家能借此机会意识到，今后的大趋势是，越来越多的"A3纸资料将无用武之地"。

特点二："填补空白"的心理效应

第二个特点就是用"框架"圈起来。

其缘由和"一页纸"一样，框架也起到了"限制"的作用。所以在你试图将全部内容都塞进框架的过程中，就能做到之前所说的"深入思考"了。

还要提到一点，就是框架的"心理效应"。

人类可能会有"讨厌空白"的心理，有句话说："当某件事物处于空白状态时，就要想方设法地填满东西。"

因此，我们只需事先在资料上画出几个空白框架，就会觉得"总想写点什么上去，写点什么好呢？"条件反射地动起笔来，如【图03】所示。

图03 "空白框架"和"主题"促使你整理思路

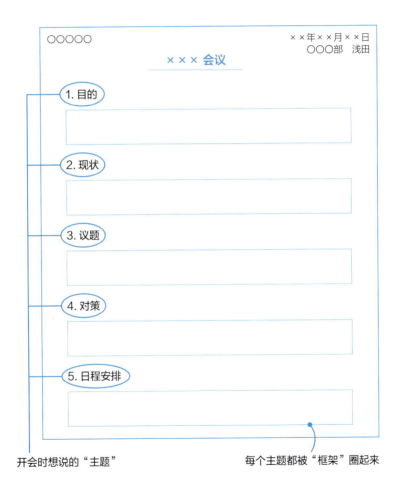

开会时想说的"主题"

每个主题都被"框架"圈起来

035

从这种意义上说，"框架"在丰田公司的资料制作工作中，起着比"一页纸"更加重要的作用。

你是选择单纯用脑子思前想后呢，还是一边看着框架一边琢磨："我在这里填什么好呢？"培训演讲时，每次我问大家"你们觉得哪种方式更方便归纳总结？"几乎所有人都举手选择了后者。

特点三：框架上注明的"主题"的作用

第三个特点是每个框架顶部标明的"主题"。标注"主题"，也是为了起到"限制"作用。如果在每个框架上都标注了主题，自然就不会在这个框架内填写与主题无关的内容了。所以内容的取舍十分重要，通过斟酌内容，也能够达到"深入思考"的目的。

试着想象一份"无框架、无主题"的资料，【图04】分条罗列就是典型代表。这样一份资料，到底想要说什么、到底是什么结构，都无法一目了然，而且因为没有主题，也没有框架，本来用很短一句话就能说清楚的事，却要用两行或者三行才能写清楚，可见用分条罗列的方式是无法实现"深入思考"的。
顺带一提，我自己制作资料时，除了"一页纸+框架+主题"，还
额外添加了"一句话一行以内"的限制。各位有余力的读者也
可以加上这个限制，尝试在日常的思路整理和制作资料中挑战
自我。

图04 "分条罗列"不利于整理思路

* ××年××月××日　每月例会议程
* 经营环境变化近况：公司规划部门对竞争对手的动向、市场的变化和宏观经济概况进行简要说明。
* 最佳案例分享：演示过去半年中成功案例的幻灯片。
* 上个月的业绩报告：各分店及海外分店分别向总部进行汇报。
  关东分店
  关西分店
  九州分店
  海外分店
* 共享议题
* 对策协商
* 总经理总结

"一页纸"结构独立思路整理法

再次总结一下制作资料的三个本质关键词:"一页纸""框架""主题"。通过发挥"限制"的作用,不仅是少数优秀员工,就连最普通的企业员工都能进行"深入思考"。

接下来,让我们重温一下在序章中实践过的思维转换。如果某种方式能满足"一页纸""框架""主题"这三个限制条件,那么我们在任何情况下都能进行"深入思考",而不必仅仅拘泥在制作资料上。基于这种思路,我独创了一种思路整理方式,就是大家将学习的"一页纸"结构思路整理法。

废话不多说,我们赶快试一试吧。先问大家一个问题,不知道大家是否认可"副业解禁"(允许在本业之外开展副业)的趋势呢?还是认为"不能搞副业"呢?

在翻开下一页之前,请快速作答。

大家考虑得如何了?有些人可能用自己的想法回答了这个问题,但也有些人会觉得"突然这么问,我也不知道……"不管哪一种方式,估计读者很少会从日常的情况出发,"深入思考"这一问题。

那么,究竟怎么做才能做到"深入思考"呢?

正如我在序章中所说的，"深入思考就是不断重复'思路整理'的过程"。

"思路整理"是由"①整理信息资料"和"②总结思路想法"两个步骤构成的。因此，让我们以思路整理的过程为基础，通过目前所讲过的制作资料的步骤，来进行……

用绿色笔画出"框架"并写出"主题"

首先，在手头准备一张纸和绿、蓝、红三种颜色的笔。

纸可以是复印纸，也可以是笔记本纸，但至少要比A5纸大，所以最好不要用小记事本。为了使本书方法更便于操作，我们就以A4复印纸为例。将整张A4纸对折，做成A5纸，这样更方便填写，如手头没有合适大小的笔记本，可以用复印纸代替。

估计很多人也找不到三色的彩笔，先用黑色笔替代即可。

之后我会说明为什么要用绿、蓝、红三色笔。

首先，如【图05】所示，用绿色的笔在纸的正中间画一条横纵相交的线。

图05 "一页纸"思路整理法的制作顺序

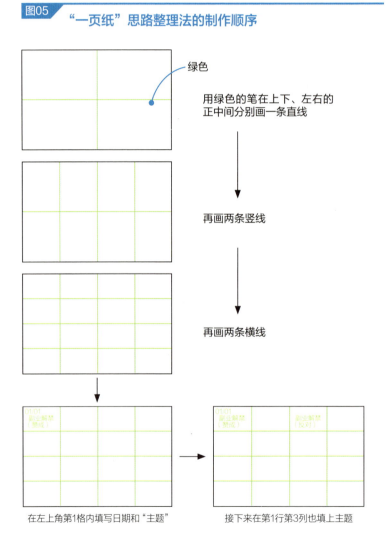

绿色

用绿色的笔在上下、左右的正中间分别画一条直线

再画两条竖线

再画两条横线

在左上角第1格内填写日期和"主题"　　接下来在第1行第3列也填上主题

040

然后以这两条线为参考，再分别画2条横线和2条竖线。

这样我们就完成了一个4×4大小的"框架"。

最后，在左上角第1格中填上日期和"主题"。

日期和主题也用绿色的笔填写。

既然我们以"赞成或者反对副业解禁"为题，就在第1格填上"赞成副业解禁"。与之相对的，在第1行第3列那一格填上"反对"即可。

用绿色笔的填写部分就完成了。

用蓝色笔整理信息

这就是"一页纸"结构®，即"一页纸"思路整理法，现在让我们再来回顾一下到底做了什么。

准备"一页纸"，画出一个"框"，填上"主题"。

这些步骤其实和之前说过的丰田公司制作资料工作的"一页纸""框架""主题"三个特点是一回事儿，只不过用手写的方式重建出来而已。重要本质的并不是"制作资料"，而是实践整个过程时进行的"思路整理"，只要不脱离这个本质，即使用手写的方式也是可以的。而且这种不拘泥于"制作资料"形式的方法，能适用于更多场合。

接下来，我们可以利用绿色笔画出的"限制"，继续进行下面的步骤。

首先，就是"思路整理"两个步骤中的第一个："①整理信息资料"。

这里用蓝色笔进行具体操作，我们从列表左半部分开始填写如【图06】所示。

先抛开你自己一开始到底赞成哪一边，假设你现在就是副业解禁的"赞成派"。既然你赞成，那你肯定要解释"为什么我赞成副业解禁，理由如下"，所以请用2分钟左右的时间，在框架中填写上你"赞成的理由"。最多可以填写7格，来试试你到底能填多少个格吧。

大家共填了多少个格呢？接下来我们在如【图06】表中，填写列表右半部分。

图06 用蓝色的笔整理信息

填写"赞成的理由"

·01/01 　·副业解禁 　（赞成）	人生有了新目标	副业解禁 （反对）	
多个收入来源	……		
分散风险	……		
公司倒闭了也不怕			

填写"反对的理由"

·01/01 　·副业解禁 　（赞成）	人生有了新目标	副业解禁 （反对）	不知道怎么做 税务申报
多个收入来源	……	和家人在一起的时 间越来越少了	只想逃避主业罢了
分散风险	……	本职工作变得生疏	……
公司倒闭了也不怕		有泄密风险	

刚才我们用绿色笔在第1行第3列那一格写上了"反对"，接下来就要在框架中填写"反对的理由"。从这里开始，把自己转换成副业解禁"反对派"立场。

不过，估计很少人能做到"立刻扭转思路"。

这些读者可以尝试做一下深呼吸，舒展一下你们的背部，试着让身体姿势复位一下。或者去一趟洗手间，调整一下身体状态，让你的思路改变一下。准备好了吗？下面，请再用2分钟左右的时间，填写"为什么反对副业解禁"的理由。

现在，你已经将大脑中关于赞成和反对两方面理由的所有关键词都写出来了。

用红色笔总结思路

用蓝色笔"①整理信息资料"的步骤就到此为止。接下来，我们进行下一步骤"②总结思路想法"。从这里开始，大家把笔换成红色的，按照【图07】所示进行操作。

图07　**用红色的笔总结思路**

填写"赞成的理由"

·01/01 ·副业解禁 （赞成）	人生有了新目标	副业解禁 （反对）	
多个收入来源	……		
分散风险	……		
公司倒闭了也不怕			

填写"反对的理由"

·01/01 ·副业解禁 （赞成）	人生有了新目标	副业解禁 （反对）	不知道怎么做 税务申报
多个收入来源	……	和家人在一起的时 间越来越少了	只想逃避主业罢了
分散风险	……	本职工作变得生疏	……
公司倒闭了也不怕		有泄密风险	

- 在列表左半部分"赞成的理由"中，选出你认为"最重要的理由"，最多选三个，并用红色笔圈出来。
- 在列表右半部分"反对的理由"中，选出你认为"最重要的理由"，最多选三个，并用红色笔圈出来。
- 列表两边都圈完以后，进行一下左右比较。现在，你觉得哪边的理由更加充分呢？可以更主观一点，重新确定一下自己的立场。

至此，"一页纸"就写完了。接下来你就可以以"副业解禁"为题，发表一个演讲了。

- "我赞成副业解禁。原因有三，一是……"
- "我反对副业解禁。原因有二，一是……"

其实，每当我在培训和演讲到这里时，都会出现"和最初观点相反"的人。

说不定你就是其中之一。而那些和一开始观点相同的人，也能更明确地对另一方说出自己的观点，理由也显得更有说服力了。

不过，如果你只填写赞成或反对某一方理由，那你首先就没做到平衡地思考。也就是说，你会根据一个偏颇的信息做出有偏见的判断，我估计有的读者也意识到了这一点。

　　这就是"一页纸"思路整理法的基本写法和使用方法。

　　虽说是"一页纸"，但并不是"制作资料"，而是"手写"。

　　手写的过程只需5分钟，你是否觉得这个方式更简单、更容易操作呢？

　　大家可以不局限于这一主题，还可以试试"对方对我的意见是赞成还是反对？""我应该向A公司订货，还是向B公司订货？"等主题。

　　"一页纸"思路整理法就介绍到这儿，我知道大家肯定有这种疑问：

　　"仅凭这'一页纸'内容，好像也没办法让我对工作进行'深入思考'呀……"

　　确实如此，因为这只是思路整理法的第1步。先让大家写出"一页纸"，在写的过程中肯定很多人一边琢磨一边写："是不是还有其他理由？""我想从另一个角度考虑这个问题的缘由。"

　　此时，大家肯定会在谷歌、百度等网站上搜索，或者是询问身边的人"你们怎么看?"用这些方式收集到更多信息后,再试着写"一页纸"。这时再写,关键词肯定比一开始要多,填写的内容也会变得更加精练。随后,不断重复循环这个过程……渐渐地,就达到"深入思考"的目标了。

以上内容就是本书对"如何进行深入思考"的回答。在阅读商务类书籍时,我们常见到"进行彻底的思考""进行更深一层的思考""深入思考十分重要"等模棱两可的说法。

每次看到这些说法,我都忍不住想吐槽。

> **"我到底要怎么做才能彻底实现深入思考?"**

很遗憾,市面上基本没有能回答这个问题的书籍。

所以我决定自己写书的时候,一定要避免出现这种含混不清的说法。

既然大家都在强调"深入思考十分重要",那么具体应该怎么才能做到深入思考呢? 关于深入思考的过程,我打算以"能实际操作的程度"进行透彻的说明。

大家是否也觉得,使用本书介绍的方法,应该可以帮助你做到深入思考呢? 毕竟只需几步就能做到。

- 准备"一页纸"和"三种颜色的笔"。
- 用绿色笔画出框架，写上日期和主题，用蓝色笔填上关键词。
- 用红色笔圈起来，同时总结思路。

  接下来就是不断重复这个过程，趋近"深入思考的状态"。

　　市面上充斥着海量的商业技巧，"一页纸"思路整理法就是对这些商业技巧简化、凝练出来的精华。

　　这种方法虽然简练，但十分有效，而且能让每个人付诸实践。兼顾可行性与有效性二者的最佳解，那就是：

> 　　利用"一页纸"和"绿、蓝、红三色笔""手写"的思路整理法。

为什么要用"绿、蓝、红"三色笔

　　即使操作如此简单，仍然有人觉得"麻烦"。

　　不过，我还是希望能有更多的读者实践一下这个方法。所以，我就问他们到底哪里麻烦，得到的回答是"分好几种颜色写很麻烦"。

大多时候我都会说"那就只用一种黑色笔试试看",因为我觉得能尝试一下总是好的。

只不过,我选择用三种颜色的笔,肯定有我自己的理由。

在以前的书中,我没有写过"为什么要用绿、蓝、红三种颜色的笔",这次我打算好好解释一下。如果大家能理解,肯定就不觉得麻烦了。这种事就像刷牙一样,一旦形成习惯,就不会有负担了,所以我还是希望大家能坚持下去,养成习惯。

为什么我不选择用黑色笔,而用绿、蓝、红三色笔呢?因为"这样能更快、更加深化我对思路的整理",而且这三种颜色是"效率更高、生产率更高"的颜色。

之前我有机会参加了一个只面向二三十岁年轻职员的培训班。

因为我对"某件事情"比较感兴趣,就对学员们提出了如下问题:

"在上学时使用过蓝色笔学习的人请举手?"

大约有30%的人举手了,于是我继续问:

> "现在举手的人里，20多岁的人请放下手。"

结果所有人都把手放下了，也就是说这些举手的都是20多岁的人。

而一个旁观的30多岁的学员，茫然地四处张望，问道："嗳？为什么要用蓝色笔学习？"估计这本书的很多读者肯定也有同样的疑问。虽然我不知道更具体的社会背景原因，但我知道现在20多岁的企业员工中，有相当一部分人在学生时代一直"使用蓝色笔学习"。

之所以要用蓝色的笔，是因为颜色具有"心理效应"。有一种理论叫作色彩心理学，根据这个理论可知，蓝色具有"放松效应"，人们专心做事时使用蓝色笔更容易"专注"。所以就出现了用蓝色笔学习的诀窍，并且一直被大家沿用下来。

将黑色笔换成蓝色笔

人在放松的状态中可以更加专注，这个优点非常利于实践练习"深入思考"能力。既然如此，大家整理思路时，就不要拘泥于黑色笔了。

将黑色笔换成蓝色笔，只是更改了一下笔的颜色，完全没什么风险。

如果有可能因此获得回报的话，就没有理由不尝试一下。

我自己直到30多岁才发现了使用蓝色笔的好处，所以我认为"一页纸"思路整理法也应该用蓝色的笔来做。

大家也可以尝试一下，分别用黑色和蓝色两种笔写"①整理信息资料"的步骤，然后判断哪种效果更好。

"发散"就用"绿色"，"收敛"就用"红色"

下面我解释一下使用绿色笔的原因。其实用绿色笔只是单纯地想要区分框架部分和填入的信息部分，让人视觉上更直观而已。还有另一个重要因素，就是之后章节我将详细说明的"视觉是否更容易传递信息"。

不过可能有人会问，"既然如此，用黑色勾出框架不是更好区分吗？"

我举个例子，请大家在脑海中想象一下马路上的信号灯。虽然信号灯被称为"蓝色信号灯",但其实是"绿色"的^①。

我们有时会把蓝色和绿色当成相近色。因此,根据我之前说过的色彩效应,绿色也具有和蓝色相同的效果。

所以,我个人认为做隔断还是绿色比黑色更好。

更何况,蓝色信号灯象征着"前进"色。用蓝色笔进行"①整理信息资料"的步骤,脑海中就有想要将信息在"一页纸"上倾泻而出的欲望,大脑的运行方向也会变成"前进"。

如果用更书面一点的话来说,思考大致可以区分成"发散"与"收敛"两个步骤,其中,倾向"发散"的颜色就是"蓝色和绿色"。

而用红色笔进行"②总结思路想法",就是将蓝色笔写出的信息进行"归纳总结",即红色代表着"收敛"的含义。用刚才信号灯的例子来解释,就是"红色代表停止",这就是为什么此处要用红色笔的原因。

> **"发散"就用"绿色","收敛"就用"红色"。**

作为最贴近大脑使用功能的颜色,这三种颜色是最优选择。

---

① 日本信号灯为"红青灯",青指蓝色,信号灯用语中不使用"绿",但是灯的颜色实际是绿色的。——译者注

写了这么多关于色彩心理学的效应，大家了解了多少呢？根据自身理解的不同，你对这本书的趣味性和认同感也会有很大不同。

但至少大家都知道了使用这些颜色的明确理由。如果你从中产生了共鸣，请务必尝试用彩色笔练习"一页纸"思路整理法。我觉得这种方法比用单色笔更有趣味，连续练习三周，你就不会觉得麻烦了。希望大家都能积极挑战自我。

将"一页纸"思路整理法付诸实践

本书的立足点是，社会上越来越多的企业员工没有"深入思考"的习惯。从这一点能得知，如【图08】所示，"无论是赞成的理由，还是反对的理由，以及框架里的内容未填满"的人也大有人在。或者即使这次能填满，下次换另一种情况，可能就填不满了。

如果你认为"这是我自己信息储备不足的问题"，那么我们就先从"收集信息"开始，帮你整理思路。

"深入思考"这个行为本身并不是一种高级的思考方法。

图08 "基本上什么都没填"意味着什么？

•01/01 •副业解禁（赞成）	???	副业解禁（反对）	???
多个收入来源	???	???	???
???	???	???	???
???		???	

其实，大多数苦于"我不擅长进行深入思考"的人，真正的问题在于"缺少深入思考所需要的信息"。尽管我们身处一个信息爆炸的时代，但我们脑子中却储存不了太多数量惊人的可用知识。因为无论信息量如何爆炸式增长，处理这些信息的大脑并不会随着技术的进化而进化。

虽然只有"一页纸"，但只要试着写一写，我们就能客观地看清这个事实：

我脑子里根本没有关于这方面的信息……

通过正视这一点，你可以咨询别人、查阅书籍、上网检索，你的大脑就会涌现出大量信息。

重要的是你是否产生了"**给我的信息量能满足这一主观目的意识**"。

所以我让大家先写出"一页纸"的内容，这才是触发一切的扳机。

比如，在填之前"为什么我赞成/反对副业解禁"那个列表时，肯定也有"能写出五个赞成理由，但只写出一个反对理由"的人。这时，你往往"因为了解到的反对信息太少，就以为自己是赞成的"，其实应该多收集一些反对的信息，综合起来再做决定。

而这个情况，仅凭自己在脑海中的信息整理思路，是无法轻易发现的。

只有将其归纳到"一页纸"上，才能"一目了然"地注意到。

至此，大家已经亲身体验过"一页纸"思路整理法了。下面，我将详细地解释一下此方法背后的思维方式。

最初的例子，是为了深入思考"你对某个主题持有积极观点还是消极观点"而总结"一页纸"的例子，其实除了这个方法外，还有很多其他方法。

在第2章之后我还会频繁用到下面两个方法。

第一，通过整理"发表演讲流程"进行思路整理的方法。

第二，通过"工作介绍方案"进行思路整理的方法。

现在大家尝试用30秒钟时间，就自己的工作发表一个演讲。

（请在现实中演讲30秒）

这个演讲发表得如何？如果你想要就某一主题拿出一个"通俗易懂的方案"，那"一页纸"思路整理法无疑将发挥巨大作用。

试着画一个如【图09】所示的框架。

图09 **"一页纸"思路整理法的最基本形式**

•01/01 　•工作介绍			

用绿色的笔画一个4×4大小的框架，主题处写上"工作介绍"。

和之前的例子不同，我们这次不对观点作比较，所以在左上角写上主题就可以了。

接下来进行"①整理信息资料"步骤，用蓝色的笔写出与工作相关的关键词，填写时间约2分钟。

写完之后，换成红色的笔，继续进行"②总结思路想法"步骤。

"什么流程更方便理解？"顺着这个疑问，按照你说话的顺序圈出关键词，并用箭头连接。如【图10】所示。

用1分钟左右用红笔进行勾画（如有必要，也可以将时间稍微延长一下）。此处要注意，因为有"用30秒发表演讲"的条件限制，所以肯定不能把所有关键词都说得面面俱到，从中挑出五六个就行了。

当你整理好思路之后，参考手里的"一页纸"，再进行一次30秒的演讲吧。请开始。

（请实际演讲一下你的工作）

图10 用"一页纸"思考整理工作内容

用蓝色笔填写关键词，整理信息

•01/01 •工作介绍	订单金额超过 1亿日元	丰田	被翻译到5个国家
PRESIDENT杂志	减少加班	第6本	学员 10000人以上
漫画化	升职为经理	累计40万部以上	电子杂志
仅展示"一页"	"一页"工作法	东京→日本全国	16000人以上

用红色笔圈出，并作思考总结

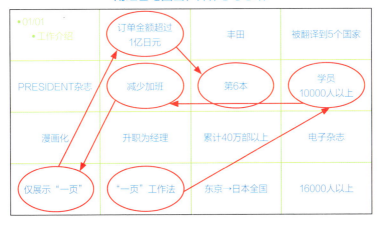

第二次的演讲感觉如何？你演讲的内容应该比之前更清楚了，听演讲的人理解到的信息量也增多了。回顾一下书写"一页纸"所花费的时间吧，只需3分钟左右，换句话说，你只用了一点空闲时间，就把它写出来了。

尽管只需3分钟，这个方法依旧能把商务类书籍中频繁使用的"考虑方案脚本""作出取舍选择""直接发表演讲"等短语，都整理成"**可以实际操作的实践方法**"。

由于操作步骤过于简单，所以最初你可能无法深刻理解其价值。但到现在为止我所说的这些重点，都是20多岁时的我"迫切渴求想要阅读到"的内容。

大家可以试着读一读其他商务类书籍。你会惊讶地发现，这些书中"无法实际操作的表达"使用频率特别高。你看得越多，比较得越多，越能理解这个简单技巧蕴含的深意。当你有这种感触时，一定要激发自己"试着多写一点"的动机，勤动手，多做练习。

接下来，我们介绍第二种方法，即利用"一页纸"思路整理法，可以在5分钟之内快速归纳出一个"工作介绍方案"，并快速发表一个30秒左右的演讲。这是活用思路整理法最基本的例子，我在我的其他书中也反复介绍过这个方法。但还是有人实践后得出了这样的结论："30秒果然还是做不到收放自如""总觉得这个说明让人难以理解""觉得这个方法不适合自己"。

实际上，这些人都有一个共同点，那就是：

他们都"只写了一次"。

所以每当我收到这样的评价时，都会建议：

那就请"再写一次"吧！

现在，让我们再一次回顾一下序章的内容。

"一页纸"思路整理法，是以"不断重复书写并进行深入思考"为目的的方法。

所以我才尽可能地减少了单位时间的负荷，这才是"一页纸"思路整理法的设计理念。

因此，只写一次就完事儿了，并不符合"一页纸"思路整理法的实践立场。

"本以为至少要写三次的，结果这回写一次就顺利完成了。"

这才是正确理解"一页纸"思路整理法的基本态度，千万不要觉得自己可以"一招制胜"。只有通过不断反复书写，才能不断提高质量，思考才会更加深入。

这是一种"数量凌驾于质量之上"的世界观。

丰田公司有一句话叫"永无休止地改进"，每当一个改进流程完成了就进入了下一个环节，其实它并没有真正完成，而是不失时机地立刻进入下一个改进流程。这就是"永无休止"一词的含义，因为有着类似的世界观，所以这个方法也是以不断重复为前提的方法。

"一页纸"要写3~5分钟，即使写3遍，也要控制在15分钟之内。

大家一定要深刻理解这段内容，做到"反一招制胜"。

我们已经举了"工作介绍"的例子，想改变主题的话，可以按照【图11】所示进行。比如，如果你不确定给对方发邮件时应该写什么内容，就以"给××先生的邮件"为主题，试着按照同样的步骤写一次吧。或者有时候和领导商谈，你一下子不知道该如何表达，才能让对方更清晰地理解自己。遇到这种情况，只需在和领导商谈前，给自己留出5分钟时间，列一个以"和领导商谈"为主题的"一页纸"即可。你还可以将其运用到打电话和洽谈聊天之前的思路整理中，或者拟订网络会议的方案中，等等。

当你发现"我很难在脑海中整理自己的思路"时，立刻拿出纸和笔来，按照步骤操作即可。每一次在"一页纸"上书写的经历，都将成为塑造你"深入思考之力"的关键因素。

图11 根据主题不同，可以进行广泛应用

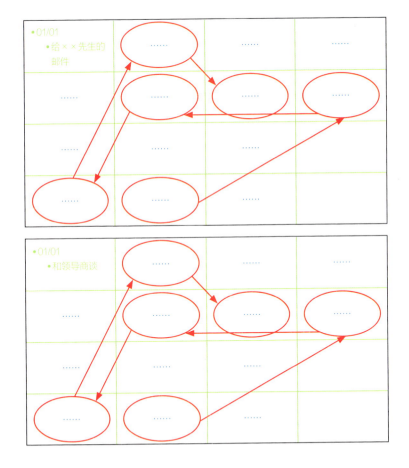

续图

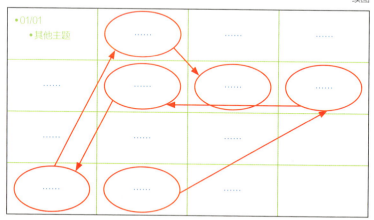

　　为了适应未来愈加重要的智能化生产，这些操作是最基本的，所以大家一定要牢牢掌握。

如何用"一页纸"制作"一目了然"的演讲方案

　　第三种方法是，如何用"一页纸"制作"一目了然"的演讲方案。

　　这个结构机制将主要作用于第2章"一页纸"资料制作法和第3章"一页纸"演讲法中。它是一种用"一页纸"批量制作思

路整理与说明的方法，这些思路整理与说明被称为"逻辑"版的
"一页纸"思路整理法。

具体来说，我们将使用如下结构。

我们还以前面的"工作介绍"主题为例。不过，我事先用绿
色的笔填写了一些信息。

和之前"一页纸"思路整理法的不同之处，就是我用绿色笔
填写的几处信息。

具体如【图12】所示，首先在左侧部分增加"P1?""P2?"
"P3?"。

图12　"逻辑版"的"一页纸"思路整理法

•01/01 •工作介绍	具体内容?	为什么要推广?	如何推广?
P1?	"一页纸" 资料制作法	不善于沟通的人 ↑↑↑	身为作者: 撰写商务类书籍
P2?	"一页纸" 演讲发表	锻炼思路整理能力 的机会↓↓	身为教育者: 举办培训、演讲等
P3?	"一页纸" 会议法	"电子化"的进程	开设在线沙龙

此处可以理解为"第一个要点是?""第二个要点是?""第三个要点是?",接下来,在顶部写三个问题。

- What——具体内容是什么?
- Why——为什么要推广"一页纸"思路整理法?
- How——如何推广"一页纸"思路整理法?

然后用蓝色笔将这三个问题的答案填进去。

填写一个问题大约需要30秒,这九个问题差不多5分钟就能填完了。

现在,试着按照这张"一页纸"在现实中发表一个演讲。

"我从事成人教育事业,推广'一页纸'工作法。

"具体来讲,我教大家如何运用'一页纸'资料制作法、'一页纸'演讲发表的技巧和'一页纸'会议法。

"我为什么想要推广这个方法呢?因为我对当今企业人士的'沟通能力抱有极大的危机感'。

"而我认为其中原因,就是'锻炼思路整理能力的机会越来越少了'。

"为什么锻炼机会越来越少了？关键在于'数字化的发展'。

"在去实体化趋势愈演愈烈的当下，制作资料的机会在不断减少。

"这就导致人们通过制作资料进行思路整理的机会也在不断减少，致使沟通能力不断下降。

"为了应对这种危机，我将只需书写'一页纸'即可实现思路整理的方法，作为今后必须掌握的工作技法进行推广。

"最后，我想谈谈如何推广这种方法。

"实际上我做过很多尝试，在这里我主要讲三点：

"第一，作为一名作家，我几乎每年都会编写一本商务类书籍。

"第二，我每天都会以培训、演讲、学习会等形式进行授课。

"第三，我开设了一个在线沙龙，为大家提供了网络学习机会，各位可以检索一下我的名字就能找到沙龙。"

只需用5分钟左右的时间写"一页纸"，就能轻松地批量进行这种逻辑性强、简单明了的演讲。

　　顺便一提，如果你能一鼓作气再试一次的话，就可以做到"反一招制胜"了。

　　你可以用红色笔在之前写的"一页纸"上进行补充修改，也可以重新再写一张。

　　即使已经进入21世纪20时代，仍然有必要"有逻辑性地整理思路，给对方展示一个通俗易懂的演讲"。

　　一方面，正如我在序章中提到的，由于商业环境的改变，今后觉得自己"不擅长发表演讲……"的人会越来越多。

　　而另一方面，市面上与"逻辑思维"和"逻辑表达"相关的商务类书籍非常多。然而，像本书这样以时代观、世界观来写的书几乎没有，希望这本书能成为21世纪20年代的新标准教科书，充分发挥其作用，也希望能抛砖引玉，促使今后有更多更好的商务类书籍问世。

　　逻辑版"一页纸"思路整理法的应用范围也极其广泛。

　　例如，如果你想为一个项目做一项提案，思路整理如【图13】所示。

图13   可以运用到"项目提案"中

• 01/01 • 项目提案	为什么想做 这个项目?	这个项目的概要 是什么?	怎么做才能完成 这个项目?
P1?			
P2?			
P3?			

- Why——为什么要做这个项目?
- What——这个项目的概要是什么?
- How——怎么做才能完成这个项目?

用这三个问题构成方案即可。

如果想做一个出差汇报,思路整理如【图14】所示。

图14 可以广泛应用于汇报、应对投诉等情况

• 01/01 　• 出差汇报	出差的目的 是什么？	出差的内容 是什么？	今后的对策？
P1?			
P2?			
P3?			

• 01/01 　• 应对投诉	投诉的内容 是什么？	投诉发生的原因 是什么？	怎么处理这次 投诉？
P1?			
P2?			
P3?			

- Why——出差的目的是什么？
- What——出差的内容是什么？
- How——今后的对策？

这三个问题囊括了所有内容。

或者写一篇应对投诉的研究方案：

- What——投诉的内容是什么？
- Why——投诉发生的原因是什么？
- How——怎么处理这次投诉问题？

这三点可以帮你整理思路。

三个魔法疑问词的功效

其实逻辑版的"一页纸"思路整理法中，最重要的就是这"三个疑问词"。

根据主题的不同，疑问句的引导词和疑问词的顺序也会有所不同。

> **无论是什么主题，都是由"What""Why""How"三个可以回答的疑问词构成的。**

大家一定要搞清楚这个共性。

其实，"一个模式"真的足够了。如果一个模式就能使逻辑思维和逻辑表达成为可能，那它可以大大减少日常沟通带来的压力。

而且，因为我们一直把它当作一种思路整理法来学，所以即使手头没有资料，这个方法也能广泛适用。大家可以通过练习书写"一页纸"先提高自己的经验值，习惯之后，就能尝试在电子邮件、电话、聊天等情况下使用这个方法了。

为什么只要囊括这三个疑问词就可以了呢？

我在丰田公司时制作的资料、发表演讲的内容，经常会受到来自各方人士的吐槽。渐渐地，我开始"把这些吐槽意见分门别类"，日复一日对自己的工作展开"深入思考"。随后我发现，最好用的方法，就是按照"What""Why""How"来区分。

这意味着，一开始"千差万别"的吐槽意见，跨越了"百家争鸣"的程度，能被简单归纳成"三言两语"的水平了。

"如果能把对方的吐槽归纳成这三种类型的话……"

我们再次转换一下思维吧。

> **"既然如此，只需整理一份可以回答这三个疑问词的资料，无论谁提出疑问进行吐槽，我都能轻松应对啦！"**

在得出这个结论之后，我就尽量用"What""Why""How"这三个部分制作资料。

效果令人震惊。之前一直吐槽我的人，当我用这三个构成词解释说明后，他们几乎都不再说什么了。

下面我解释一下，为什么只需说明这三个构成部分，就能大量发表高质量的演讲。

虽然我们能从多个角度解释，但因为本书注重简便易操作，所以我把重点放在"使对方得到心理上的满足"上。

其实很多时候，对方的吐槽并没有严格的逻辑性。大部分情况下，他们只是从感性上觉得"好像缺了点儿什么""是不是有什么地方没说清楚"，是一种心理上的感觉。就像我之前说过的，人天生就不喜欢空白一样。

人只要觉得"仍有理解不透彻的地方"，就会一直想要吐槽，直到这种感觉消失。又因为人的吐槽可以被归纳为

"What""Why""How"中的某一个，所以，只要发表的演讲是以回答这三个疑问词为主题，对方就会觉得：

> **"听了这个解释，我就大概明白了。"**

这就是用逻辑版的"一页纸"思路整理法发表演讲时使用的一个简单且又合乎逻辑的机制。虽然是一种逻辑性很强的"一页纸"思路整理法，但其背后真正起作用的却是心理因素。这正是这个结构的有趣之处，也是其广泛应用于商务交流的主要原因。

对方也不会继续"追究"下去了。

这就是"What""Why""How"三个魔法疑问词的功效。

这就是一种只需将魔法疑问词写到"一页纸"上，谁都可以付诸实践的思路整理法。你学会了吗？

如果你说"我一定竭尽所能"的话，我由衷感到高兴。

以我自己为例，从上班族时代到独立创业之后，这个模式都一直在发挥作用。更重要的是，很多学员也切身体会到了"一页纸"的神奇之处。

越来越多的人向我反馈，"自从开始用这种思路整理法来发表演讲，被领导数落的次数越来越少了。"

我由衷地希望你可以通过阅读本书，使自己的演讲水平得到巨大提升。

至此，三种"一页纸"思路整理法的方法就介绍完了。

最重要的是将在第2章及第3章常用的方法，以及最后介绍的第三种方法，即逻辑版"一页纸"思路整理法。前边介绍的"副业解禁""发表演讲流程"时所使用的两种思路整理法请作为第三种的辅助法进行理解。

大家也可以将"一页纸"思路整理法运用到制作资料之外的日常生活当中。

还请大家多多实践各种主题，提高自己运用这三种方法的熟练度。

第2章

"一页纸"
资料制作法

在第1章中，我们以"对过程进行思路整理比制作资料本身更重要"的理念为基础，学习了如何使用"一页纸"进行"思路整理"。

21世纪20年代已经不是"只需制作资料，工作就基本搞定"的时代了。

你在本书中学到的以"思路整理"为基础的工作模式，在今后构建的价值会越来越大。但目前我们仍处于过渡期，因为很多机构特别是大型企业，仍然十分保守，所以很多情况下，人们还是需要制作资料来发表演讲。

之前我认为，由于很少人能有"深入思考开展工作的习惯"，这种习惯反而应该能保留下来。但现在我的观点却变成了，尽量用更短的时间追赶上时代发展的速度。

因此，本章将在"一页纸"思路整理法的基础上，详细介绍"耗时极短"的"一页纸"资料制作法。不过正如我在第1章末尾做的预告，结论其实很简单。

> **如果你能做到"整理思路"，就已经完成了80%的"资料制作"。**

当你读完第2章时，再回过头来看看这句话，就会觉得"确实如此"，本章节的目标也就达到了。

为了达成这种心境，请继续往下读吧！

在第1章中，我们介绍了使逻辑思维和逻辑表达成为可能的"一页纸"思路整理法。赶紧试试这个方法，发表一个项目提案的演讲吧！

一般情况下，工作时提出某个项目方案，很少用口头发表的形式进行。

毕竟通过准备一些资料，根据资料和对方进行面谈更合适。或者也可以在不连接其他用户的情况下，用网络会议的形式发表演讲方案，这些模式可能更为实际。不过，话说回来：

- **你平时做项目提案时，一般会准备哪些资料？**
- **你大多数情况下会做多少页纸资料？**
- **你是将资料做成PPT形式，还是文档格式？**
- **你在演讲时会把资料打印出来吗？**
- **你是一边看电脑一边看投影仪吗？**

我知道这一连串的问题可能会让你眼花缭乱，但我还是想让大家回想一下自己的具体情况。在此基础上，请尝试将之后所学内容与自身现状进行比较。

回想一下我们在第1章中举过的副业解禁的例子，"比较"是加深对事物理解的重要方式。

步骤一：用"手写"的方式"优先进行思路整理"

"耗时极短"的"一页纸"制作资料法，由以下三个步骤组成。

- **步骤一：手写一张"一页纸"思路整理法。**
- **步骤二：用"一页纸"资料的3种格式填写。**
- **步骤三：把资料打印在纸上并反复斟酌。**

首先来说步骤一，步骤一是"一页纸"思路整理法的实践操作。关于这一步的写法，我们已经在第1章中详细介绍过了。举一个具体的例子，就以我曾经负责过的"公司海外网站更新项目"为例。

为了完成这个项目，首先我需要总结一份网站更新计划书，并向领导和其他相关部门演讲我的方案。当时我并没有着急制作计划书，而是按照【图15】所示进行"一页纸"整理，用大概5分钟的时间，先写出了一个逻辑版的"一页纸"思路整理法（如果5分钟太短的话，可以延长到10分钟）。

图15　逻辑版"一页纸"思路整理法（手写）

• 01/01 • 海外网站 　更新项目	为什么这个项目 非做不可？	更新内容的重点 是什么？	如何实施项目？
P1？	现在是临时运营的 网站	明确网站主页的 运营目的	网站开放的截止 日期为明年3月底
P2？	英文版的位置 不够显眼	对达成目的所需 内容进行取舍	通过三家公司竞标 确定供货商
P3？	从下一期开始强化海 外发展公司整体方针	根据需要创建· 追加新规则	两种预算模式

步骤一最关键的一点就是：

不要即刻打开电脑制作资料，用"手写"的方式"优先进行思路整理"。

在习惯本书方法之前，大家一定要严格遵循这一顺序。虽然当你习惯之后，可能会一边盯着电脑一边制作资料，同步进行思路整理，但一开始还是要先进行思路整理，再着手制作资料。如果你能不慌不忙地按照这两个步骤操作，最终你将能在极短时间之内完成资料制作。

为什么说用"手写"的方式"优先进行思路整理"更好呢？

相比观看屏幕画面，人的大脑在看纸质版东西时运转得更活跃，这就是进行"思路整理法"第一步必须"手写"的理由。

这一点已经得到了公司和大学等机构的研究支持。简言之，就是在处理同样的信息时，大脑对纸质媒体和数字媒体给出的反应是不一样的，特别是负责处理理解能力的前额叶皮层，在处理纸质媒介时给出的反应更强烈。

其实，即使是没有看过与之相关的研究或者书籍的人，应该也很容易理解这个观点。

我们来说点题外话吧，你在看这本书时，阅读的是"纸质版"还是"电子书"呢？如果可以的话，我希望大家转换一下阅读媒介，"读纸质版的人试试读电子书""读电子书的人试试读纸质版"，比较一下二者的区别。

大多数读者应该都觉得"还是阅读纸质版更能加深理解"吧，这是因为你的大脑（尤其是你的前额叶皮层）在阅读纸质版时更加活跃。虽然经常有人说"电子书看得更快"，可看得再快，你理解了多深呢？

或者说，三天、一周后，你到底还能记住多少内容呢？

如果一时想不起来电子书的内容了，你还能看看网上的信息重新回忆一遍。但如果是一周前通过社交网络传输的在线消息，你还能记住内容吗？

恐怕很多人都会说"那肯定记不住……"哪怕你读得再快，如果脑子里什么都没记住，此次阅读充其量也只是一种"消费型"投入，而不是"投资型"投入。

如果你觉得"还是纸质阅读更能加深理解，而且也更容易记住"，那么你就是擅于以纸质媒介而非电子媒介实现信息输入的人。

我认为，只有那些思路整理能力水平相当高的人，才能仅凭电子阅读就可以积累出深厚的阅读水平。

所以，每当我看到普通的企业员工也想仅凭阅读电子书的方式就完成阅读体验时，我实在是很忧心。我希望大家都能仔细琢磨一下，快速阅读有没有可能"是因为大脑基本没怎么工作"呢？

用直白一点儿的话来说，就是"因为动脑子很累，又很麻烦，所以才读电子书"。

我在序章中写过，"数字化"的普及无疑是现代化的体现，它能让人感觉自己是时代的弄潮儿。但盲目追求完全"数字化"的模式，将会失去一些重要的东西。说到底，人们也只不过是为了逃避麻烦而已，我希望大家能通过这次阅读体验感悟到这一点。

让我们言归正传。举个例子，请你以"绝对不会出现错字和漏字"的标准，用电脑制作一份资料，然后把这份资料打印出来，在纸质版上好好检查一下。

大多数情况下，你可能会发现错字和漏字。不仅如此，你可能还会注意到：在电脑上看起来逻辑性很强的故事，在纸上读起来却并没那么顺畅。

很多读者都曾经有过类似的经历。为什么在电脑上找不到瑕疵，资料打印出来后，就能发现很多问题呢？

这正是因为，"相比在电脑上，大脑处理信息的功能在纸上运转得更顺畅"。

如果你彻底理解了上面那段话，就能意识到"数字化=高效率"的观点。特别是那些出于"想要避免麻烦"的动机，而采用数字化的情况，需要格外注意。毕竟对于一些没有养成手写习惯的读者来说，第1章的内容已经足够烦琐了。

然而，如果因太麻烦就逃避做重要的事，那么你在养成"深入思考工作的习惯"的道路上，就会偏离得越来越远。

吉卜力动画工作室的宫崎骏导演曾经在电视上说过这样一句话，一直被我奉为至理名言之一。

> **"世界上重要的事情，大都很麻烦。"**

"一页纸"思路整理法是一种非常简单的方法，一旦养成习惯，你只需进行几个丝毫感觉不到负担的步骤而已。所以请大家务必尝试以"手写"的方式挑战一下思路整理，尝试以从容的态度不断重复"一页纸"资料制作法的3个步骤。

我在提及任何事情操作步骤时，都极力控制在"3个步骤"以内。因为如果我说"7个步骤""12个步骤"，会让人感觉"太麻烦了"。那"3个步骤"怎么样？只需书写"一页纸"，只用做到"3个步骤"，你就能达到不错的水平，所以我提倡这种方法。大家一定要实际试一试，充分体验一下这种方法的有效性。

步骤二：用"一页纸"资料的3种格式填写

接下来我继续讲解步骤二。正如我在本章节开头时说过的，完成步骤一阶段，你就已经完成了全过程的80%。为什么这样说呢？因为一旦你用"一页纸"完成了思路整理，接下来：

只需按照【图16】所示的方式，将信息转写为"一页纸"资料即可。

以上就是步骤二的具体内容。

不过，转写时有一点要注意，就是要将句子写成商务文档特有的"硬性书面表达"。关于这点我想要解释一下，比如，在运用"一页纸"思路整理法的时候，我们常写"问题是什么？""为什么会这样？""接下来怎么做？"。

在手写文档阶段中，这种碎片化、让自己感觉更加亲切且易理解的短语化表达方式能够提高思路整理的速度。

但对于成文资料来说，这种措辞方式就显得过于随意了。

因此，我们需要将其换成更加"硬性书面表达"，把句子切换成如下行文方式，并体现在资料中。

图16 **思路整理完成后，只需将信息填入这"一页纸"。**

○○主任、网站相关部门各位同事：　　　　　　　　20××年××月××日
　　　　　　　　　　　　　　　　　　　　　　　Web推进项目组

网站的英文版更新项目计划

1. 更新目的 ← 对应 Q1？

要点	详细内容
①目前为临时运营	* 现有的英文版主页是在日文版页面运营闲暇时顺便运营的。 * 当预算有盈余时，部分内容会翻译成英文。
②英文版主页的存在意义很模糊	* 出发点是"无论哪家企业都设立了英文版页面"，现在情况依旧。 →看不到战略意义，主页的定位很模糊。
③明年起将实施海外拓展强化全公司策略	* 决定在今后实施积极的海外拓展策略（20××年8月）。 →需要尽快修改英文版主页以符合策略需求。

2. 更新内容 ← 对应 Q2？

要点	详细内容
①明确主页运营目的	* 这次强化海外拓展策略，仅限公司法人范围内。 * 无需像日本国内一样以B2C（商家对顾客）市场模式为主。 →将英文版主页作为面向企业法人的主页，进行彻底更新。
②精确内容	* 由于网页受众群体和日语版有很大区别，所以只选取了面向企业法人的必要内容，其他内容之后删除。 ※例：保留"公司概要"，删除"商品一览表"等。
③新内容的制作与追加 ※只在必要情况下实施。	* 如需增加面向企业法人的新内容，则讨论制定网站新规。 ※"当前内容索引"参照附录。 * 仅在必要情况下施行，尽量减少预算。

对应蓝色笔书写部分

对应
Q3？

3. 今后工作推进方向 ←

对应
蓝色
笔书
写部
分 →

要点	详细内容
①截止日期：明年3月底前公开	* 在明年初即20××年4月之前完成更新并开放网站。 * 新的一年向经理发表演讲时，将这个主题添加进去（同时确保其他企业法人代表周知）。
②从三家竞标制作公司中选择一家 ※对质量和成本两方面进行严格审查	* 选定三家曾经给许多日本企业制作过海外版主页的公司，实施设计竞标。 * 在2个月内确定供货商（尽快实施方案）。
③假设有两种预算模式： * 无新内容：200万日元以内。 * 有新内容：300万日元以内。 ※当初日文版制作价格为500万日元。	* 根据竞标公司给出的提案，判断是否要追加预算。 * 在年底前能完成的范围之内，对订货金额进行最终判断。

- "问题是什么？"→"当前的课题""问题点""对课题的认识"等。
- "为什么会这样？"→"课题发生的原因""主要原因分析"等。
- "接下来怎么做？"→"今后应对措施""对策方案""解决方向"等。

　　因此，步骤一阶段最好用我们平时能在脑海中快速运转的日常短语进行思路整理，而在形成资料阶段，则需要将短语换成商务文档相应的"硬性书面表达"。"一页纸"思路整理法的一些表现形式，在资料化的过程中将会发生什么变化呢？请你再次查看一下【图16】上的文字，从这个问题出发，重新确认一下。

格式1：要点+详细型

灵活运用步骤二制作资料的格式总共有三种。

- **格式1：要点+详细型。**
- **格式2：详细内容较少型。**
- **格式3：PPT型。**

基本上我比较推荐【图17-01】：**格式1：要点+详细型。**

在使用这种格式时，首先，要确认资料的结构和逻辑版"一页纸"思路整理法中所写的三个疑问句相对应。其次，要确保资料左半部分的"要点"内容，必须与"一页纸"思路整理法中蓝色笔所写的部分一致。

也就是说，你只需花费5分钟左右的时间，制作一张逻辑版"一页纸"思路整理法导图，就自动确定了资料的"主题"和"结构"，甚至是各个主题的"要点"。

接下来你只需根据需要，在右半部分的"详细"内容栏内填入完整信息，就制作完成一份资料了。

图17-01 格式1：要点+详细型

| 说明对象·部门名称·收件人姓名等（向谁发表？） | 20××年××月××日 姓名·所属部门·组织等 |

"○○" ○○○○○

1. ○○：○○○○○ ← 对应 Q1？

要点	详细
①	
②	
③	

2. ○○：○○○○○ ← 对应 Q2？

要点	详细
①	
②	
③	

3. ○○：○○○○○ ← 对应 Q3？

要点	详细
①	
②	
③	

对应蓝色笔书写部分

格式2：详细内容较少型

虽然我刚刚说"在右半部分的详细内容栏内填入详细信息即可完成"，但根据主题不同，恐怕会有人出现"详细内容栏内只能填入很少信息"的情况。

出现这种情况时，你就可以使用**格式2：详细内容较少型**，如【图17-02】所示。在这种格式中，详细内容部分均只有一行。即便如此，由于这个格式使用了方便查看资料的排版模式，所以使用场合很广泛。

格式2的使用方法大家是不是都掌握了呢？可能你觉得这种方法简单得离谱，甚至怀疑"这么简单能行吗？"但在日本已经有超过10000名学员学习了这种方法，并且付诸了实践。无论哪种格式都能将资料浓缩到A4纸大小的"一页纸"中，所以大家可以放心去尝试。

我介绍的这些格式，大家可以自己用微软公司（Microsoft）的Word文档或者Excel图表制作，或者也可以在线下载，下载方法请参照"结束语"部分的"福利支持网站"。用下载下来的表格进行实践操作，你真的就只需书写"一页纸"，将内容"填入"格式内即可，请大家从明天开始赶紧试一试吧。

图17-02　格式2：详细内容较少型

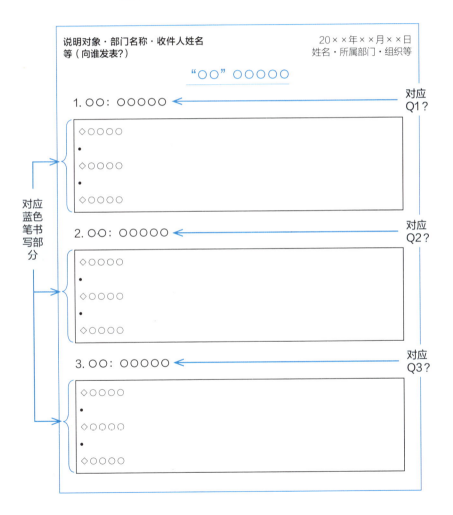

格式3：PPT型

由于格式3需要用一个稍微不同的观点解释说明，所以为了能让大家理解得更深刻，有一点我想要提前说清楚。虽然我前边提到"只需把剩下的部分填入就好"的说法，但说实话，之前我特别不喜欢这句话，甚至连"格式"本身，我都持否定态度。提倡使用格式的人肯定会说"挺方便的，接下来只需把内容填入就好"，但当你实际尝试的时候，会发现"其实，你并不知道怎么才能填入……"

我20多岁的时候有过好几次这种经历，你是否也有过类似的经历呢？

我们到底为什么做不到直接按格式或模板填入信息呢？

曾经有一段时期我也感到很困惑，但最终的结论其实很简单。

> **因为填入信息之前没有认真进行"思路整理"。**

为什么我们没有认真做好"思路整理"呢？这是因为：

> **根本就不知道"思路整理的方法"。**

092

所以你才需要先学习第1章内容，学会"一页纸"思路整理法以后，就不会再出现"不知道填什么内容"的情况了。

这样一来，你就能真正做到"只需把内容填入即可"了。

在成人教育圈内，很多讲师会给学员分发模板或格式，制作了许多"只要填好内容就可以"的讲义。过去每当我遇到这种讲师时，都会不满地抱怨道："我只想搞清楚我到底应该怎么填……"。没有过类似体验的人可能一时无法感同身受，其实，正因为你一开始就遵循了"一页纸"思路整理法的步骤，所以你才能用步骤二轻松填满信息。

渴求这种方法的不是别人，正是我自己。

哪怕能用这个方法，只帮助一个有着同样抱怨的企业员工，我都再高兴不过了。

读到这里，我已经给大家完整地介绍了两种用A4纸制作"一页纸"的资料格式。至于最后的"**格式3：PPT型**"，大家请看【图18】。

如大家所见，第3个模板并不是"一页纸"，而是多张幻灯片。因为它以"一页纸"思路整理法为基础，所以是连续多张的"一页纸"，但其实幻灯片本身有16页之多。

关于这种情况，我想跟大家分享一个学员经常向我提出的问题。

图18 | **格式3：PPT型**（阅读顺序从左上角竖向阅读）

网站**英文版**更新项目计划

20××年××月××日Web推进项目组

1/16

---

②英文版的**存在意义很模糊**
- 出发点是"无论哪家企业**都**设立了英文版页面"，现在情况依旧。
- 看不到战略**意义**，主页的定位很**模糊**。

5/16

本资料的结构
1. 更新**目的**
2. 更新内容
3. 今后工作推进方向

2/16

---

③明年起将实施**海外拓展强化**全公司策略
- 决定在今后实施积极的**海外**拓展策略（××年8月）。
- 需要尽快**修改**英文版主页以符合策略需求。

6/16

---

1. 更新**目的**
①目前为**临时**运营
②英文版主页的**存在意义很模糊**
③明年起将实施**海外拓展强化**全公司策略

3/16

本资料的结构
1. 更新目的
2. 更新**内容**
3. 今后工作推进方向

7/16

---

①目前为**临时**运营
- 现有的英文版主页，是在**日文版**页面运营闲暇时顺带运营的。
- 当预算有**盈余**时，部分内容会翻译成**英文**。

4/16

---

2. 更新内容有**三个**
①明确主页运营**目的**
②**精确**内容
③**新**内容的制作与追加
※只在必要情况下实施。

8/16

---

①明确主页运营**目的**
- 这次强化海外拓展策略，仅限**公司法人**范围内。
- 无需像国内一样以B2C市场模式为主。
- 将英文版主页作为面向**企业法人**的主页，进行彻底更新。

9/16

②**精确内容**
- 由于网页受众群体和日语版有很大**区别**，所以只选取了面向**企业法人**的必要内容，其他内容之后**删除**。
- 例：保留"**公司概要**"，删除"**商品一览表**"等。

10/16

③**新内容的制作**
- 如需增加面向企业法人的**新内容**，则讨论制定网站**新规**。
- "当前内容索引"参照附录。
- 仅在必要情况下施行，尽量**减少**预算。

11/16

本资料的结构
1. 更新目的
2. 更新内容
3. 今后工作**推进方向**

12/16

3. 今后工作**推进方向**
①截止日期：明年**3月底**前公开
②从**三家**竞标制作公司中选择一家
③假设有**两种预算模式**

13/16

①截止日期：明年**3月底**前公开
- 在明年初即20××年**4月之前**完成更新并开放网站。
- 新的一年向**经理发表演讲时**，将这个主题添加进去（同时**确保**其他企业法人代表周知）。

14/16

②从**3家**竞标制作公司中选择一家
- 选定3家曾经给**许多**日本企业制作过海外版主页的**公司**，实施设计竞标。
- 在**2个月内**确定供货商（尽快实施大方向）。
- 判断标准：对**质量**和**成本**两方面进行严格审查。

15/16

③假设有**两种预算模式**
- **无新内容**：200万日元以内。
  有新内容：300万日元以内。
※当初日文版制作价格为500万日元。
- 根据竞标公司给出的提案，判断**是否要追加新内容**。
- 在年底前能**完成的范围**之内，对订货金额进行最终判断。

16/16

095

> "如何才能将资料浓缩成1张PPT呢?"

希望大家通过阅读本书,改变自己对这个观点的认识。"一张"PPT资料的概念只是一种幻想。

为了能让大家更加清楚地理解这一点,在这里,我希望大家能好好认识PPT的本质。

> **PPT的本质就是"视觉辅助"。**

如何能理解这句话呢?"视觉辅助",如字面意思所言"**视觉即视觉上的,辅助即辅助工具**"。用我自己的理解去解释的话,我觉得PPT就是"强化(给予力量Power)想要传达的观点(Point)"。

这样来解释,大家应该能理解了吧? PPT应该是一个强化论点的"辅助"工具,而不是一个扮演主角的"主要"工具。

当你在众人面前进行演讲说明时,主角应该是身为演讲人的"你自己"。

将一种强有力的力量赋予演讲中的你,使之成为你背后"强劲的支持",这就是PPT。它能够用视觉上更直观易懂的图解、图片或者动画和幻灯片特效,支持你想要说明的观点。因为PPT的真正目的是"提供视觉上的帮助",所以只要符合这个目的，用多少页幻灯片都可以。

拘泥于"页数"本身，从来就不是把握PPT本质的正确方法。

掌握上述内容后，让我们来说点更为实际的话题。

我知道肯定会有读者这样想："我们公司制作的所有资料都是PPT格式的""如果只给领导看那种格式1或格式2'一页纸'资料，肯定会被数落的"。

实际上，甚至曾有个学员跟我说："我的领导突然非常生气地数落我说，这么一页资料你还想搞出什么花样来啊！"所以很遗憾，我们身处的职场环境并不都是完全顺从事物本质、让人心情愉悦地开展工作的，还有很多企业人士秉承的价值观和本书的观点截然不同，我很清楚这个事实。

所以我才介绍了格式3。

如果你的职场中只允许使用PPT的话……

如果你身处的工作环境，要求你必须使用幻灯片左上角和右下角标有企业标识（Logo）的模板的话……

或者说得更直白一点，如果你的领导，是那种除PPT之外，其他资料根本就不看的人的话……

请使用格式3吧，将"一页纸"思路整理法的结果反映在PPT

的幻灯片上。或者参考格式3，将同样的内容套用到自己公司的模板中。只不过这样一来，如【图18】所示，至少也要做16张幻灯片。

我们换个角度看的话，用格式1和格式2制作的"一页纸"资料，实际上浓缩了16张幻灯片的"信息量和功能"。

现如今，和"信息量"一词一样，"功能"一词的含义也被浓缩了。为了能拥有和"一页纸"资料相同的"功能"，幻灯片的张数也在不断增加。这里的"功能"具体是指"**看清全局**"的功能。

请参照【图19】。

图19　重复显示"**目录**"以弥补"**一览性**"不足

本资料的结构
1. 更新**目的**
2. 更新内容
3. 今后工作推进方向　　2/16

本资料的结构
1. 更新目的
2. 更新**内容**
3. 今后工作推进方向　　7/16

本资料的结构
1. 更新目的
2. 更新内容
3. 今后工作**推进方向**　　12/16

这是一张相当于"目录页"的幻灯片。"目录页"的内容只反映了"一页纸"思路整理法的结果而已，它不仅在幻灯片开头使用过，还在中间使用过，使用次数合计三次。

在演讲幻灯片每个关键部分反复展示"目录页"，到底能起到什么效果呢？

其效果就是：当你进行说明的过程时，避免对方错过你讲述的流程。

格式1和格式2的"一页纸"资料中，均内置了"**一览性**"这一优势。由于资料的结构一览无余，所以只需看一眼，就能自动揭示演讲的流程。

在对方听你讲解的整个过程中，"一页纸"资料充当了地图或示意图的角色。

因此，"一页纸"资料只需在固定格式内填写内容，就能涵盖示意图功能。

而由于PPT资料不具备"**一览性**"，所以我们只能采取其他方式，确保演讲资料不丢失全局结构，避免顾此失彼。

这就是"目录页"幻灯片重复插入的理由。虽然也有人建议："实在太麻烦的话，不重复插入也行"，但我习惯凡事从本质出发，对所有事物进行自己的判断。所以，如果从"幻灯片=辅助工具"的观点来看，我认为在幻灯片每个关键部分插入"目录页"属于演讲的一项基本操作。

在幻灯片"目录页"上标明页码

还有一个要点值得注意，出于"让对方持续掌握全局情况"的考虑，我们还需要"在幻灯片中插入页码"，而且这并不仅仅只是插入编号而已。

在幻灯片所有的页数中，提示自己现在讲到第几页了？

你一定也有过类似的体验。

"这个演讲到底什么时候才能讲完呢……"

一个漫长的演讲，的确让人感觉焦躁不安。

焦躁的原因很简单，因为"幻灯片中没有标明页码"，还有一个原因就是"不知道幻灯片一共有多少页"。那就不妨如【图20】所示，在幻灯片右下角标明页码吧！

图20 写上"幻灯片页码"和"幻灯片总页数"

虽然看起来可能只是一个微不足道的细节，但这个做法能大大降低听者的压力。听者能通过查看页码，一目了然地知道"现在已经讲完一半了""马上就要讲完了"，从而避免了之前"因为看不见页码，所以听演讲很焦躁"的情况。

但2020年版PPT的页码标记功能里，并没安装将"16页中的第7页"写作"7/16"这种功能。

我之前就很难理解为什么不安装这个功能，毕竟给每张幻灯片都手动添加页码实在是有点不切实际（我自己之前给公司董事制作幻灯片资料时，就曾经做过这项烦琐的工作……）。

实际上，我觉得在三张幻灯片"目录页"上，标清"2/16""7/16""12/16"才是比较现实的做法。这样也能反复提醒大家不要忘记幻灯片的总张数。

PPT制作方法："图片"＋"彩色半透明幻灯片"＋"信息"

"格式3：PPT型"算是一种不含设计样式的幻灯片格式。

我之前提到过，有很多公司把PPT作为公司内的标准资料格式，这些公司应该都准备了带有公司标识（Logo）的模板。因此，符合这种情况的人，与其直接使用格式3，不如将"一页纸"思路整理法的结果套用到公司所给模板内。

我希望大家都能做到在理解用法的基础上随机应变。

不过话说回来，如果PPT的本质是"辅助工具"，那么格式3能否实现PPT的本质呢？

比起"口头"表达，PPT确实更方便传递信息。但既然你希望"让别人看一看"，就应该把资料的效果发挥得更充分一点。特别是当你除在公司外发表演讲的时候，或者在洽谈会或公关会上演讲时，这种幻灯片的演讲形式有些过于单调，不足以打动对方。那么，我们应该如何改进幻灯片格式，让其更贴近"辅助工具"这一本质呢？

在本书中，我将首次公开10多年来自己一直使用的一种模式，请大家参考使用。主要构成要素为以下三个词。

"图片" + "彩色半透明幻灯片" + "信息"

具体如【图21】幻灯片所示。

制作方法非常简单，这次我也同样用三个步骤说明。

- **制作流程1：准备几张与你想要传递的信息相关的图片。**
- **制作流程2：将图片插入在幻灯片上，用彩色半透明图片遮盖。**
- **制作流程3：在白色背景的文本框中填入你想传递的信息，并将其放置在幻灯片正中央。**

一击即中的
一页纸

图21 "图片" + "彩色半透明幻灯片" + "信息" (从左上开始依次阅读）

网站**英文版更新**项目计划

20××年××月××日Web推进项目组　1/16

②英文版的**存在意义很模糊**
- 出发点是"无论哪家企业，**都**设立了英文版页面"，现在情况依旧。
- 看不到战略**意义**，主页的定位很**模糊**。

5/16

本资料的结构
1. 更新**目的**
2. 更新内容
3. 今后工作推进方向

2/16

③明年起将实施**海外拓展强化**全公司策略
- 决定在今后实施积极的**海外拓展**策略（20××年8月）。
- 需要尽快**修改**英文版主页以符合策略需求。

6/16

1. 更新**目的**
①目前为临时运营
②英文版主页的**存在意义很模糊**
③明年起将实施**海外拓展强化**全公司策略

3/16

本资料的结构
1. 更新目的
2. 更新**内容**
3. 今后工作推进方向

7/16

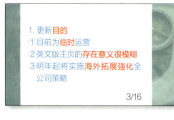

①目前为临时运营
- 现有的英文版主页，是在**日文版**页面运营闲暇时**顺带**运营的。
- 当预算有**盈余**时，部分内容会翻译成**英文**。

4/16

2. 更新内容有**3**个
①明确主页运营**目的**
②**精确**内容
③**新**内容的制作与追加
※只在必要情况下实施。

8/16

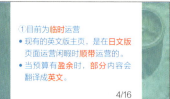

104

1 明确主页运营**目的**
- 这次强化海外拓展策略，仅限**公司法人**范围内。
- 无需像国内一样以B2C市场模式为主。
- 将英文版主页作为面向**企业法人**的主页，进行彻底更新。
9/16

3. 今后工作**推进方向**
①截止日期：明年**3月**前公开
②从**三家竞标制作公司中**选择一家
③假设有**两种预算模式**
13/16

2 **精确内容**
- 由于网页受众群体和日语版有很大**区别**，所以只选取了面向**企业法人**的必要内容，其他内容之后**删除**。
- 例：保留"**公司概要**"，删除"**商品一览表**"等。
10/16

①截止日期：明年**3月**底前公开
- 在明年初即20×年**4月之前**完成更新并开放网站。
- 新的一年向**经理发表演讲**时，将这个主题添加进去（同时**确保**其他企业法人代表**周知**）。
14/16

3 **新内容**的制作
- 如需增加面向企业法人的**新内容**，则讨论制定网站**新规**。
- "当前内容索引"参照附录。
- 仅在必要情况下施行，尽量**减少**预算。
11/16

②从**3家竞标**制作公司中选择一家
- 选定**3家**曾经给许多日本企业制作过海外版主页的公司，实施设计竞标。
- 在**2个月**内确定供货商（尽快实施大方向）。
- 判断标准：对**质量和成本**两方面进行严格审查。
15/16

本资料的结构
1. 更新目的
2. 更新内容
3. 今后工作**推进方向**
12/16

③假设有**两种预算模式**
- **无新内容**：**200万日元以内**。
  有新内容：**300万日元以内**。
※当初日文版制作价格为500万日元。
- 根据竞标公司给出的提案，判断**是否要追加预算**。
- 在年底前能**完成**的范围之内，对订货金额进行最终判断。
16/16

首先我们来说"制作流程1"。

你需要准备一些能达到效果的图片，确保图片可以补全幻灯片中想要传达的信息，同时能给对方留下深刻印象。过去，我们很难免费获得高质量的图片素材，但现在网络上免费的高质量图片资源非常多。我常用的图片素材网站是Pixabay，这个网站上很容易找到可以商用的图片素材，大家可以去试一下。

接下来我们说"制作流程2"。

请把你准备好的图片插入在整个幻灯片中，然后准备彩色的半透明图片，什么颜色都行，覆盖在图片上。

为什么要使用彩色半透明图片覆盖图片素材呢？

这是因为，在只有"图片+文本模式"的幻灯片中，图片的存在感过于强烈，容易盖过主要信息，这就是为什么我给出了"**信息为主**""**图片为辅**"的定义。用一张半透明的彩色图片做遮挡，文字信息就能得到凸显，同时背景图片也能给人留下视觉上的深刻印象。

还有一个更为实际的原因就是，只要这样做"不使用高像素的图片素材也可以"。刚才我给大家介绍了一个免费下载图片素材的网站，不过即使这个网站上的图片质量比较优良，但比起付费的素材网站还是有些不足。并且尽管网站上的图片质量并非最佳，但能使用经费购买付费图片素材的企业员工肯定也不多。

另外，还有一个大家容易犯的错误，有的人为了找到高质量的图片素材，浪费大把时间而毫不自知……切记，大家一定要避免这种情况。

所以我们需要将彩色半透明图片覆盖在图片素材上。这样一来，即使图片素材的质量稍显逊色，也完全有可能实现"辅助工具"的目的。

有人对这种幻灯片制作方法提出了疑问："先展示一张极具冲击力的图片，再将文本覆盖在图片上，不是更有利于信息的传递吗？"实际上我也确实经常见到这种幻灯片演示文稿，如果你能使用高质量的图片素材，那当然是可以的。但本书主要面向普通企业人员，以日常实践指导为目的，因此，我介绍的方法应该是非常实用的资料制作方法。

最后来说一下制作流程3。

在幻灯片的正中央准备一个白色背景的文本框，并填入你想传递的信息。注意，按照我在第1章中介绍的色彩心理学知识，此处用蓝色字填写，而非黑色。并且，我将最想强调的词标成了红色。

我开设的在线沙龙每月会有三次视频讲座，可供大家参考，讲座会附上视频讲义。我还会把讲座时使用的幻灯片作为样例上传到网站上。

　　我的在线沙龙是季节制的，以三个月为一个单位。因此我会根据季节的变化，改变网站设计的颜色，如【图22】所示。公司的企业标准色等颜色，则需要大家视情况而定。请你参考所示案例，自己尝试一下各种颜色吧！

　　到这里为止，我已经介绍了更能发挥"视觉辅助"作用的幻灯片制作方法，我还要强调一点，希望大家能加深理解。我在前几页写过这么一句话："信息为主""图片为辅"。

　　事实上，本书所介绍的资料都是"以文字为中心"的。关于这一点，经常有人问我或跟我商量："图解和图表应该怎么制作呢？"对于这个问题，我的基本立场如下：

> **不要过度依赖图解和图表，尽量以"语言"取胜。**

　　正如我前边说过的，我是在"一页纸"的限制下制作资料的。

　　由于图解和图表填入信息的空间特别小，所以很自然地，我不得不制作"以文字为中心"的资料。不过也正因如此：

> **依赖"视觉效果"、逃避"深入思考"的企业员工才会无所遁形。**

图22 用"视觉辅助"方式营造季节感的案例

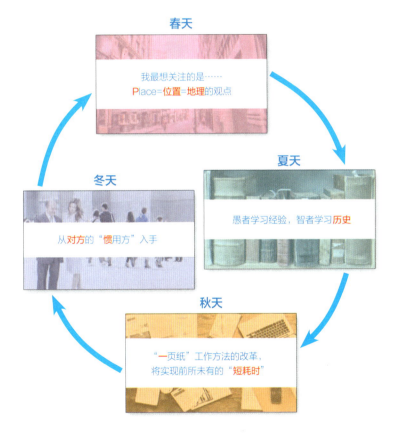

春天
我最想关注的是……
Place=位置=地理的观点

夏天
愚者学习经验,智者学习历史

秋天
"一页纸"工作方法的改革,
将实现前所未有的"短耗时"

冬天
从对方的"惯用方"入手

我原来的领导跟我说过一句话，至今记忆犹新：

> **"不要被全是图解和图表的资料外表给蒙蔽了。"**

我深以为然，"视觉辅助"其实是一把双刃剑。

使用华丽的图解或图表，有时会让你觉得自己已经"完全掌握"了。

书店里有很多高质量的制作演讲资料书、图解技能书，只要能够有效利用这些书中的知识，谁都能制作出视觉效果极佳的优质资料。但有的人就止步于此、停止思考了。我希望大家扪心自问，你是否也可能是其中一员？

这个话题不仅仅关乎于制作资料者，也一样影响着听演讲的人。视觉效果极佳的资料，同样剥夺了听者一方的思考能力，让听者产生已经听懂的错觉。

结果双方都没做到深入整理思路和开展工作。

我们首先要做到"深入思考"。然后，如果图解和图表能对你所组织的语言进行有效补充的话，那你完全可以好好利用它们。

所以我并不是全盘否定图解和图表，我想让你掌握的是接下来将提到的"主次本质"。

即使你思路整理的能力较弱，也能利用图解和图表制作一份"视觉辅助"的资料。或者只准备一些图解和图表的资料作为讲义，至于讲义上需要让人掌握的内容，则只字不写。肯定有不少企业员工都是这样做的，我试着问过其原因，回答："因为我要口头发表演讲，如果全写在资料上的话，我就没什么可说的了"，我听完以后彻底呆住了。我希望大家能够通过阅读本书，抓住主次本质。

哪怕是"视觉为主"，也并不应该是"视觉依赖"，而应该是"视觉辅助"。无论是图解还是图表，都绝对不是资料的主角。

被写进资料中的应该是人们能读取到的有用信息，图解和图表则应该被赋予配角的位置。事实也是如此，我举个例子，在亚马逊公司，用PPT发表演讲这个行为本身就是被禁止的。和我之前所写的内容一样，亚马逊公司认为PPT的讯息呈现方式，并不是符合我们人类接收讯息的自然方式。因此，尽管大家所处的职场现状纷繁复杂，但我仍希望各位读者，至少都能制作一些以语言取胜为主要风格的资料或演讲，并将这个理念奉为自己的工作信条。

养成"深入思考后开展工作的习惯"，需要你具备更高层次的水平，这个习惯将成为你在21世纪20年代中超越大多数人的关键力量。

步骤三：把资料打印在纸上并反复斟酌

至此，我已经讲完"一页纸"资料制作法的步骤一和步骤二。下面我再重新给大家梳理一下。

- **步骤一：手写一张"一页纸"思路整理法。**
- **步骤二：用（三种）"一页纸"资料的格式填写。**
- **步骤三：把资料打印出来并反复斟酌。**

步骤三是将"一页纸"资料打印出来，并进行反复推敲的步骤。

正如我在步骤一中解释过的，比起在电脑上看东西，人们在纸上看东西时注意力更集中。所以大家在使用步骤二制作资料时，千万不要只用电脑进行制作。虽然有点麻烦，但也请你尽量打印出来，以目测的方式进行检查。

你肯定能找到很多错字和漏字，尤其是在刚开始尝试的初期阶段。

可能也有读者像我在序章中提到的接触过的那位学员一样，压根儿就没有打印机，我现在依然觉得这种做法挺冒险的。

因为你很有可能到了真正演讲时才会发现错误。

如果只是日常沟通，有点瑕疵还能凑合。

但如果是在每年仅有的几次"重要演讲场合"上呢？

诚然，现如今以网络会议为主、"资料只需通过电脑画面共享即可"的情况越来越多了。其实在这种情况下听者的大脑在纸面上会运转得更快，因为在电脑上看有时可能注意不到错字和漏字，或者即使注意到了也不会觉得有问题。

所以我并不是说步骤三必须次次都要做。

但如果是重要场合演讲所使用的资料，即使当天没有给与会人员分发纸质版资料的需求，请你也一定要提前打印出来。反复进行目测检查，反复斟酌推敲。只有在这些细小的行为上一丝不苟的人，才能制作出更多质优易懂的演讲资料。

再次强调一点，将资料打印出来反复推敲这一步骤具有重要意义。

在步骤一中，我们以手写的方式尝试了一次"一页纸"思路整理法。随后，在步骤二将内容转写到格式内的过程中，我们对各个主题进行了"第二次思路整理"。接下来我们进行了步骤三，将资料打印出来，并反复检查，这一步骤可以视为我们进行了"第三次思路整理"。

综上所述，如果按照"一页纸"思路整理法的三个步骤去做，我们至少获得了**三次以上对主题进行思路整理的机会**。

而且，我们第一次用"手写"，第二次用"电脑"制作，第三次是打印出来在"纸上"目测，每次思路整理的方式都不一样。这些方法自然也能提高我们获得新发现的可能性。

请大家一定要先按照这个顺序，扎实积累自己的实践经验。虽然步骤看起来很简单，但为了使其更加有效，我都添加了详细步骤。如果大家能认真付诸实践就再好不过了。

分三步进行的"一页纸"资料制作法就解说到这儿，最后我想再次重申一句话。

> **如果你能做到"整理思路"，就已经完成了80%的"资料制作"。**

特别要注意我在后半部分详细解说的内容，这些都是重要的分支脉络。

主要枝干就是我重申的这一句话，所以请大家在彻底掌握这句话的基础上，结合自身的职场环境，最终确定适合自己的资料制作法。

届时，如果我介绍的三个资料格式都能派上用场的话，那就太好了。

第3章

"一页纸"
演讲法

在本章节中，我们终于要说到本书的主题"一页纸"演讲法了。首先，我要明确一下一直以来都没说明的、本书中提到的"发表演讲"的定义。

平时当我们提到"发表演讲"这个词，脑海中可能就会浮现出像史蒂夫·乔布斯这样的名人对着广大听众充满激情地进行演讲的画面。

其实，你发表演讲时的实际人数规模，最多也不过几十人左右。平时可能只有几个人，或者只有你的领导会听你演讲。而且，你发表演讲的形式也不太一样，比如站在幻灯片前或在大庭广众下演讲的情况可能一年只有几次，甚至一次也没有。比起发表演讲，你更可能会选择制作一些文件资料向领导进行汇报说明。即使发表演讲，也是在召开网络会议时，通过线上共享画面进行的。我觉得大部分人都应该是这种情况吧。因此，本书中"发表演讲"一词的定义是：

> **"发表演讲"是进行提案、汇报、联络、商谈的总称。**

以这个定义为基础，可以得知：

> **面对面会议、视频、网络会议、电子邮件、商务聊天、电话等方式都属于"发表演讲"。**

这些各种各样形式、手段、人数规模的沟通模式，都可以用本书总结的方法去处理。

沉默是目标

接下来，让我们一起认识"发表演讲"的本质。正如"制作资料"和"一页纸"都有本质一样，"发表演讲"也有其本质。具体来讲就是下面这一句话：

> **"Silence is goal（沉默是目标）。"**

我在序章中已经介绍过这句话了，不知当时是否会有人读错。

这句话是我模仿"沉默是金"的英文版"Silence is gold"，自己改编出来的。

"goal"（不是"金gold"）的含义是"沉默"。

这句话是什么意思呢？

> **发表演讲的目标是，尽量达到"不用说话也可以"的状态。**

这就是你通过"一页纸"演讲法能够达到的境界。

我的工作完全沉浸在丰田公司的"一页纸"文化之中。我对这种文化的研究、探索与追求，已经达到有些"病态"的程度了。为什么我如此痴迷于这种发表演讲的风格呢？因为我曾经是一个"内向的人"。

说到这儿，我突然想和大家聊聊关于牛肉饭餐厅的话题。吉野家和松屋，你更喜欢哪家店？

我上学时候比较喜欢松屋，不是因为味道更好吃，也不是因为价格便宜，我决定选择松屋的关键原因是"只需用售票机点餐就可以"。

正是因为不用跟服务员说话，所以我才更喜欢松屋。虽然我现在已经完全不紧张了，但是学生时代的我，哪怕是跟服务员点餐，都会感到紧张。当时我的真心话是：

> **"无论如何，尽量不跟对方说话，赶紧把餐点了……"**

　　这是我当时沟通交流的基本方式。此外，我还经常在网上预订学生旅行的行程，即使遇到不清楚的地方，我也坚决避免打电话去咨询，而是执着地上网查询。

　　于是，对这样的我来说，丰田的"一页纸"文化是最棒的企业文化。因为在这种企业文化下，丰田公司里有许多害怕口头交流的员工，为了适应员工的工作习惯，公司就形成了以纸为基础，而不是以口头演讲为基本的工作模式。

　　所以，正如我前边所说的，我可以在经过深思熟虑之后再与人交流，哪怕不怎么说话，只要给对方看看资料，也能在一定程度上向对方传递信息。

　　提前把"深入思考"的轨迹总结到"一页纸"上，对方就能通过查看资料轻松理解我的意思。从每一篇文章、每一句话到整个背景，其中里边所包含的全部意义，对方都能充分理解到位。因此，拥有数量颇多的、具备极高阅读能力和理解能力的员工，也是丰田公司的一大优势。

　　总之，即使是不善言辞的人也能胜任工作，这就是丰田公司的"一页纸"文化。

真正让我感到这个方法特别有效的是我去国外出差的时候。虽然我很喜欢学习英语，但口语也就是只言片语的水平。我心里就打鼓了："如果要用英语和对方洽谈的话，该怎么办啊……"

不过幸运的是，"一页纸"文化已经渗透到海外的丰田公司了。因此我要做的事情和在日本时一样，制作一份第2章中介绍过的"一页纸"英文版资料，将其展示给对方，并发表演讲就可以了，之后对方就会自己从资料中努力汲取需要的信息。

最终，即使我不怎么说话，也能和对方成功交流。

> **"我并不认为这种演讲方式能说服对方……"**

读到这里，估计有的读者会产生这样的想法。无论你的口语能力有多差，只要你每天都能以认真的态度，积累沟通交流的经验，你也一定能获得意想不到的效果。

这背后蕴含着一个心理学效应，叫作"**出丑效应**"。

如果一个人多少表现出有些笨拙和缺点，反而容易让对方产生亲近感，使别人增加对这个人的好感度，这就是"出丑效应"的含义。

虽然只是个例，但有时我的确见到一些学员固执地坚持自己的价值观，认为"我必须要发表一个完美无缺的演讲"。如果你一直秉承这种观念，是不是会适得其反，使自己动弹不得呢？

我认为越是有完美主义倾向的人，越应该了解"出丑效应"的含义。

就这样，我从当初令人汗颜的演讲水平开始，一步一步，历经数年，反复用"一页纸"思路整理法制作资料，连续不断地发表演讲，直至克服了自己的弱点。我至今都不敢想象，如果我在一个没有"一页纸"文化的公司开始我的职业生涯，将会变成什么样子。

至此我分享了自己的拙见与经历，不知大家有何感想？

如果你和当初的我一样，"也是个内向的人""也不擅长说话""也是那种想要尽量不说话，就把事儿干了的人"……

那么，"一页纸"演讲法正是为你这样的人打造的。因为其目标是"努力达到一种无声胜有声的境界"，所以我觉得这种发表演讲的方法非常适合这类内向的人。但我们到底应该怎么做，才能使演讲不断趋近"沉默是目标"呢？

"展示"比"说话"更重要。

如果我说"这就是答案",大家是否会觉得答案不够精彩,甚至有些扫兴?但真的只需做到这一点,就能实现"沉默是目标"。

"0秒说明"带来的"自由"世界

虽然我自己也有过相同的经历,但在本书中,我还是给大家介绍一位学员的经历吧。我们就叫他A先生,A先生在我的某次面向公司授课的研讨会上学习了本书的方法,从听课后的第二天,他就立刻开始使用"一页纸"资料发表演讲。他使用的是第2章中介绍的"格式1:要点+详细型",主要在对领导发表演讲时使用。

一开始,他的领导问:"这份资料是怎么回事",A先生回答:"这是我好不容易才学会的一种方法,请让我暂时以这种格式发表一次演讲吧",领导同意了。

随后,A先生就在如下类型的资料中使用了"一页纸":

计划书、报告书、工作进度确认和联络资料、人事调动咨询单……

总之，他把所有文件类型都做成了"一页纸"，在发表演讲时使用，这样的基本操作模式大概持续了3个月。有一天，领导突然拍了拍A先生的肩膀，对他说：

> **"我觉得你，差不多已经可以了吧。"**

单看这句话，恐怕会让人心惊肉跳，但如果知道这句话的真正含义，你就会觉得"原来如此"了。

当他给领导"展示""一页纸"资料，并根据资料的结构反复解释说明时，会发生什么？

虽然每次演讲主题都是不一样的，但是在别人看来，无论是资料的外观，还是他说话的方式，都是重复的。从领导的角度来看，A先生一直在用同样类型的资料进行着同样的演讲，结果领导就会产生如下感受：

> **"这个地方不用你逐个儿说明，我也明白啊！"**

所以领导才会说"我觉得你，差不多已经可以了吧。"

在那之后，A先生每次做完资料，都把它放在领导办公桌上的未处理箱中。或者在领导或自己出差时，以电子邮件的形式给领导发过去。领导会在空闲的时候，把资料从未处理箱中取出来，或者打开邮件，同时在脑海中想象出"A会这样演讲方案"的画面。如果领导读了一遍资料，觉得没什么问题，就会对这个方案做出可以的判断。而如果他对某些地方有疑虑，就会问A先生"这是什么意思？"如果是远程沟通，他还可以通过邮件或电话向A先生确认。

　　总之，当A先生转变成这种演讲风格后，原来烦琐的商谈竟然奇迹般地消失了。在听我的课之前，A先生可是每次都需要跟领导提前确定30分钟左右的商谈时间。现在，这种情况已经没有了。

> **之前：每次商谈时间都需要30分钟左右。**

　　听完课后，A先生通过"展示"传达的方式，给领导发表"一页纸"演讲，至少能省下15分钟，也就是一半的时间。

> **之后：即使只有15分钟时间，仍然很充裕！**

　　最后，如果领导说"已经可以了"，那么商谈的时间就变成了0分钟。

令人震惊的"之后"：商谈时间为0分钟！

只要领导什么都不问，A先生就什么都不用说。

只需提前给领导展示"一页纸"资料，让领导看到"一页纸"资料，即可实现：

"0秒说明"或"沉默是目标"。

这确实是令人惊奇的"一页纸"演讲法。"沉默是目标"绝不是一个空想，而是通过实践本书的内容，你最终能达到的境界。

用这种方式进行的"一页纸"演讲，优点可不仅仅是演讲时间"从30分钟变成0分钟"。

A先生可以在自己喜欢的任意时间制作资料，无需再被领导的业务行程所左右，他随时能让领导看见自己演讲的方案。由于发表演讲时无需说话，所以他也不用面对面直接交流，用邮件或聊天的方式共享信息也是没有问题的。

此外，领导也能在自己合适的时间"查看"A先生的资料，所以他也没有必要配合下属的行程安排。

也就是说，双方<u>自由支配的时间</u>都增加了。

如果将这种"一页纸"演讲法模式扩大到小组、团队、部门，以至全公司的话……

肯定能减少不可估量的沟通成本，使生产效率不断提高。

还有一个案例，就是下面我将要和大家分享的B先生"0秒说明"的故事。

关于接下来要介绍的内容，我也有过类似的经历，我曾经把我的经历写在了一本电子书中。

阅读过这本电子书的B先生跟我说："我也有同样的经历"，所以我想在这本书里跟大家分享一下他的故事。

有一天，B先生因感冒请假了。不巧的是，那天他正好有一个和其他部门的协商会议，所以第二天他就满怀愧疚地去公司上班了……结果领导一开口，就对他说：

> "B，早上好啊！昨天的商谈已经完事儿了。"

B先生感到很吃惊，就问道："啊？我都没来，你们怎么做的说明啊？"于是他得到了如下回答：

> "你每次发表演讲的模式不都一样吗？所以我们请来借调的C先生，让他试着跟对方说了同样的话，就搞定了，而且对方部门也轻松理解了，真是太好了。"

B先生在向公司请假的前一天，给领导和C先生发了一封电子邮件，共享了资料，并且他并没有进行任何补充说明。

　　即便如此，使用"一页纸"演讲法仍能顺利地推进工作开展。这完全归功于B先生一直用一个模式发表演讲。

　　之所以能有这样的经历，正是因为我们运用了包含"What""Why""How"这三个疑问词的思路整理和资料制作法，并将其总结成"一页纸"进行"展示"演讲。我特别想要强调的是，虽然B先生因为感冒在家卧床不起，甚至他一秒都没说，但工作仍能顺利推进，这就是"0秒说明"的效果。尽管感冒本身是不可抗因素，但这也可以算是"沉默是目标"的一个现实案例。

三个步骤做到"0秒说明"

　　我觉得像"0秒说明"这种超高效率级别的商务沟通模式，不用"一页纸"演讲法是不可能实现的。如果我们对要点进行提炼总结的话，按照惯例可以归纳为以下三个步骤：

- 步骤一：无论主题怎样改变，每次都要制作"相同体裁的资料"。
- 步骤二：每次都以"同样的流程"，进行"展示"演讲。
- 步骤三：当对方逐渐习惯自己发表演讲的方式后，再不断"缩短演讲时间"。

通常"一页纸"资料的演讲时间控制在3～5分钟就已经足够了。即使你之后需要和演讲对象进行数次商量交流，也只需和A先生的经历一样，用10～15分钟就可以了。有人会觉得"时间太短了"，不过，当你按照我所说的方法进行实践时，最终你可能也会像A先生和B先生那样，达到"0秒说明"的水平。

在你把本书通读一遍之后，赶快试一试吧。

我很期待你们讲述自己"0秒说明"的体会。

通过展示思路整理的方式向对方传递信息

"一页纸"演讲法，就是"展示""一页纸"资料，然后在尽量不用说话的状态下，尽可能地趋近"沉默是目标"。

从现在开始，让我们以这个本质为基准，尝试给各式各样的交流方式排列先后顺序吧！

这次我们直接从结论入手，总结如下：

> **面对面发表演讲 > 视频会议 > 电子邮件 > 语音聊天 > 电话交流**

判断基准正是"**能否以展示的方式向对方传递信息**"。

以这个排列顺序来看的话，距离"沉默是目标"最远的手段就是"打电话"，使用语音聊天也是同理。

不知道你们周围有没有只靠打电话的方式开展工作的人？

我经常出差，当我在机场候机大厅或者车站的候车室中边等候边工作的时候，时常会碰上一边打电话一边生气的人。他们做报告、联络、商谈之类的工作，全都通过电话进行，但是因为打电话不能将工作内容完美地传达给电话另一方，所以他们一个个显得焦躁不安……

如果你是本书的读者，恐怕已经很清楚原因是什么了吧。

先不说他们传达的内容，首先他们"传达的方式"就不正确。

电话不能通过"展示"的方式给对方传达内容，所以请大家记住，"打电话"基本上是一种你最应该避开的工作方式。

我希望大家能通过有意识地思考"怎样才能避免用电话沟通",每天改进自己的交流方式,并养成一直朝着这个方向思考的习惯。

让我来分享一件我自己的具体案例吧。

我工作的时候基本上不使用电话。

我的名片上只写了电子邮箱的地址,每当有人问我电话号码时,我都会说"我不用电话,所以也不接电话",并拒绝公开我的电话号码。因此,为了让自己的交流环境更加接近"沉默是目标",我基本不打电话,而是用电子邮件和对方进行问答式交流。

其实,在以打电话为基本工作方式的人里,有很多人都没有"深入思考工作的习惯"。这些人轻易地浪费了我的时间,突如其来的电话让我不得不放下手中的工作,每次都要听对方说一堆没完没了、不着边际的话。而且突然接到电话,我必须立刻做出回应,这种情况根本就没给我留出"一页纸"思路整理法的准备时间,同时肯定也没办法给对方展示"一页纸"资料……

用电话进行沟通交流,相当于一个人突然被拉到了一个需要具备极高演讲能力的舞台之上。

如果你通过实践本书内容,达到了在"0页纸"状态下,也能发挥同等思路整理能力的水平，那我觉得你可以"打电话"。

如果你仍在初学阶段，那么还是"打电话进行商务交流"的想法比较保险。

在过去，电话是唯一的通信手段。

但现如今已经是21世纪20年代了。无法"展示"资料给别人看、只能打电话的工作风格已经落伍了，必须转变工作方式了。

接下来我把"电子邮件"和"聊天"放到一起说。

如果以"能不能展示给对方看"为判断标准的话，这两种方式都符合标准。

这两种方式的优先使用级别都比电话高。为什么"电子邮件"和"聊天"优先使用级别更高呢？因为我们是从"是否更容易向对方展示思路整理结果"的观点出发进行评判的。

以商务聊天为主的交流，基本要求是速度要快。不过，正在接收信息时未能及时回消息也是可以的，但不知道为什么人们很关注对方是否及时回复消息。

或者说很多企业人士都觉得"如果不回复对方似乎不太礼貌"。关于这个问题，我在以前的研讨会中对学员们做过调查，差不多一半以上的人都说："我们希望对方回复的时间是，从即刻回复到5分钟以内！"

因此，只要是以聊天为主的沟通方式，不管怎样都容易出现

思路整理不清晰、回答非常随意等情况。我希望大家能深刻认识
到这一点。

在这里请大家回想一下我们在第1章的"一页纸"思路整理
法中讨论过的"副业解禁工作"。应该有不少人都经历了"一开
始认为自己是赞成（反对）的，进行思路整理后，就变成了反对
（赞成）"的体验吧。

我认为，那些没有养成"深入思考的工作习惯"的人，想要
进行以聊天方式为主的商务沟通，还是挺难的。

与即刻回复相反，电子邮件可以仔细进行思路整理之后再
回信。

用如【图23】所示文字给对方发送邮件的话，即使是邮件，
也能在某种程度上实现"展示"的效果，向对方传递信息。

但是在商务类书籍中，经常有人写"**即刻回复是电子邮件
一大共同点**"，或者"**电子邮件回复慢的人无法做好工作**"之类
的话。

然而，真的如此吗？

当电话和电子邮件进行比较时，优点在于谁能通过"展示"
的方式传递信息。同时，如【图23】所示，在电子邮件的文本
上下功夫，也能通过展示"思路整理的结果"传递信息。

这就是电子邮件比聊天优先级更高的原因。

图23　**运用"一页纸"思路整理法撰写邮件的文本案例**

主题:【报告】参加BCP说明会

××主任

您好，我是××。

今天上午我参加了一个关于BCP的说明会。
请您查看我总结的会议纪要。

1. 什么是BCP?　　　←　　　　Q1: What?
• BCP是业务连续性计划（Business Continuity Plan）的简称。
• 指当紧急情况发生时，尽量将损失降到最低，迅速恢复业务生产的计划。
• 很多大企业已经制订完毕，但很多中小企业尚未准备。

2. 为什么BCP很重要?　　←　　　　Q2: Why?
• 目前新冠肺炎疫情和地震灾害等情况风险极高。
• 在紧急情况发生时，我们不能及时作出反应。
• 是否制订BCP逐渐成为客户、股东、合作伙伴等人的评价标准。

3. 今后我们该如何制作本公司的BCP?　←　　　Q3: How?
• 我们公司对本计划一无所知。
　→与BCP制订支援服务企业协商
• 询问业务规模相同的公司。
　→今后预定访问A公司B公司C公司
• 将制订计划作为5月的经营会议议题在会上提出，在此之前作为部门确定方案。

鉴于上述情况，今后请抽出时间再次讨论如何开展工作。非常感谢您的关照。

××　××（×××　×××）<×××××@kyouino.cojp>

股份有限公司　××××　第1营业部门
〒162-0845 东京都新宿区市谷本村町×-×　××广场×层
（TEL）03-××××-××××　（FAX）03-××××-××××
（WEB）https://www.kyouino.co.jp

一个沟通手段最重要的是有没有"**确保进行思路整理的自由时间**"，这才是最大的优势。

其实倒不如说，一个没有"深入思考工作习惯"的人，用即刻回复的方式进行工作，会造成相当大的麻烦，大家是否认可这一点呢？

的确，也许"工作能力强的人回复信息更快"，但这只是因为他们练就了熟练的"深入思考的工作习惯"。如果你还没有养成"深入思考的工作习惯"，就不要被"即刻回复的信仰"束缚。

其实我自己很少立即回复聊天和电子邮件。

我一般会在一天中确保一段集中的时间，"一口气"进行所有的回复。

电话是"**同步型媒介**"，电子邮件是"**异步型媒介**"。因此，电子邮件的收件和回复，没有必要"同步进行"，这就是"异步型媒介"的含义，也是电子邮件的本质。

人们对"即刻回复"这一信仰的前提是，把电子邮件等同于电话，将电子邮件当成了"同步型媒介"。

因为我个人认为电子邮件应该属于"异步型媒介"，所以我的观点是，使用电子邮件时，无论给自己还是对方，都应该留出一定的时间差。

那聊天方式属于哪一种媒介呢？我觉得根据上述定义，因为聊天具有快速性，所以它也应该属于"同步型媒介"。不过这并不意味着商务聊天不能以电子邮件的方式进行。所以我希望大家能在理解本书方法的基础上，自己决定适合自己的使用规则。

我觉得最简单的方法，就是你能提前告知大家："只要没写'紧急'或者'请尽快回复'，你都会确保在每天的某个时间段集中用电子邮件或聊天的形式回复。"如果能让周围的人都知道"这个人是这样的工作方式"，应该就会有人赞同并也采用这种方式。毕竟这是一个"无论何时何地都能互相联系"的时代，在这样的时代中，人们开始倡导一种新的权利，那就是"不联络的权利"。

你是使用"同步型媒介"，还是使用"异步型媒介"呢？

我认为这种思维方式在今后会变得越来越重要，而且电子邮件的"异步型媒介"特性应该得到更多尊重。

在工作方式纷繁复杂的现如今，"即刻回复"仍是人们开展工作的必要条件吗？

我觉得我们是否可以这样认为："允许存在时间差等同于能在尊重自己和对方时间的前提下开展工作"。大家一定要借此机会直面这一问题。

最后，我将"面对面发表演讲"和"视频会议"结合起来一起说。

因为这两种方式都是非常容易实现"以展示方式传递信息"

的手段。

你发表的所有演讲，基本上都应该以这两种方式中的某一个来进行。

首先，最接近发表演讲本质的手段就是"面对面"演讲。

"面对面"发表演讲：
①和对方处于"同一空间内"。
②"打印"出来以后，手头有"一页纸"资料。
③可以反复进行一个模式的"展示"型演讲。

本章节中介绍过的A先生与B先生的案例，也符合这种"面对面"的演讲形式。在这种环境下积累"一页纸"演讲经验，将帮助你走上"沉默是目标"的捷径。由于资料并不是通过"数字媒介"，而是通过"纸质媒介"向对方展示，所以你能在更短的时间内传递更多信息。我们可以预见的是，最终听你演讲的人也能有像A先生和B先生领导那样的认识。

今后，每当你有发表演讲的机会时，请一定要试着琢磨"怎样才能体现出这种风格来呢？"至于结果到底如何，我觉得在初期阶段不用过于关注。

因为最重要的是你能否养成"以尽量实现理想状态为目标"

的思考习惯。

一旦这种思维方式成为常态，你自然就会想办法下功夫了，成功的可能性也会不断增加。我希望大家都能在日常生活中试试看，哪怕只尝试一下也是好的。

接下来我们考虑一下不能在同一个空间内发表演讲的情况。

具体来说，就是通过电视会议和网络会议，或使用聊天中的视频通话功能等进行在线会议的情况。

在这种情况下，我之前的总结可以改写为如下方式：

在"远距离"情况下发表演讲：
①和对方处于"不同空间之中"。
②在"数字终端"展示"一页纸"资料。
③可以反复进行一个模式的"展示"型演讲。

在数字终端设备上，对方的理解能力相对较低，这个观点我已经重复说过许多次了。不过我认为现实情况是，今后这种工作风格会越来越流行。

首先我们最不应该忽略的一点就是，即使你所在的公司已经完全实现"数字化"，我们"还是应该尽可能地制作资料"，"不能完全没有文件资料"。

我在序章中强调过："如果不注重制作资料，思路整理的机会就会被剥夺"，从发表演讲的角度来看，其实还有一句极其重要的话，就是：

> **如果不制作资料，就无法通过"展示"向对方传递信息。**

你用手写的方式进行思路整理，即使"不给对方看"你整理的资料，而是直接发表演讲，也确实会让对方感到"更容易理解"。

但说到底这只不过是"和没进行思路整理直接发表演讲相比而言"。

我认为，还是向对方展示资料的方式能在更短时间内把信息传递出去。

手写资料尚且如此，更不用说以数字为基础的远距离沟通了。比起面对面的情况，远距离沟通时，对方的理解能力本来就有所下降，如果你想要在这样的情况下，确保发表演讲取得成功的话，还是准备资料更加稳妥。

如果你能从本质的角度出发研究工作，那你自然就会形成这种观念。

可能有人会想：都已经在网上开会了，还要制作资料，真是太麻烦了！其实我们在第2章中，已经介绍了非常简单的"一页纸"资料制作法。

一旦你能养成习惯，即使把思路整理和制作资料两者所花费的时间都算上，你也能在30分钟以内准备好一份资料。最重要的是，这并不是一项烦琐的"任务"，而是促使你进行"深入思考"的重要方法。谁都不能因为用"数字化"方式演讲，就轻易割舍了制作资料的过程，还是应该尽可能地和"面对面"演讲一样按照步骤来实践。

到此为止，我们试着以"沉默是目标""整理思路后再传递信息""通过展示思路整理的结果传递信息"等本质为判断标准，对各种各样的交流沟通方式进行了归纳总结。大家应该有了一定的了解。请你一定要回顾一下自己的演讲风格，努力重构自己的日常沟通环境。

"一对一"演讲场景的三个技巧

接下来，我们将切换到一个可操作性极高的解说上来。

之前我们是按照"媒介"区分的，这次我们按"人数"区分，如何大量制作一击即中的演讲呢？带着这个疑问，我在这里给大家介绍几个能立即实践的技巧。

请大家注意加深自己实际操作时的印象，继续往下阅读。

我们先假设一个"**一对一**"的演讲场景。在大多数情况下，你可能都是单独向领导进行提案、报告、联络和商谈。这个场景就非常适合用"一页纸"演讲来做，所以我把这个情况设定成初始实践案例。

虽然基本做法就是你制作"一页纸"资料，并向领导展示说明即可，但实际上我还有三个能进一步提高信息传递效率的"发表演讲的基本操作"。

技巧一：从惯用的那一侧开始发表演讲

增强沟通便利性的"发表演讲的基本操作之一"，就是"**从惯用的那一侧开始说**"。

当你对公司的人发表"一对一"演讲时，往往并不是坐在办公桌前或者会议室内与对方说话，而是坐在自己的座位上。

一击即中的
一页纸

这个时候，如果我问"你将从对方的哪一侧开始发表演讲呢?"你会怎么回答?

我猜大多数人会说："我从来都没有考虑过这一点。"

可是不考虑这个问题真的行吗? 让我们假设一个你正在和别人说话的场景。

左边或者右边，你喜欢从哪个方位开始说?

如果我这样问，大部分人都会回答其中某一边。

因为人总会有"**常用的一侧**"和"**不常用的一侧**"。

我从学生时代起就非常喜欢研究心理学和脑科学，这些年也一直都在研究学习。

从中我学到了一个知识点就是"**惯用方**"。

不过一开始我感到很困惑，因为既有人说"从左边说更好"，又有人说"不对，我觉得从右边说更好"。

而心理学的实验结果却出人意料，人们这两个完全相反的惯用技巧，都属于"具有心理学支撑的技巧"。

所以，我建议大家可以自己试一试，切身感受一下是否如此。不过请注意，不要一会儿选左一会儿选右。

顺带一提，我的"惯用方"是"左"。当别人从右侧跟我说话时，我明显感觉自己很难理解对方的话。

因此当我听别人说话时，我更喜欢让对方的声音从我的左侧

传过来。比如，我在参加演讲会时，习惯坐在会场的右侧。因为
在这个位置上，我能从左侧听到别人演讲时的声音。

当然，也有人觉得自己"更习惯右侧"。所以请大家先实际
试一试，搞清楚自己的"惯用方"是哪一侧。一旦你在演讲时遇
到相应情况，就可以先调查一下对方的"惯用方"。你可以先像
玩游戏一样，"这回试着站在右边发表演讲吧""之前站在右边说
的，这回试试左边吧"，反复多次地尝试。当你有意识地试过几
次之后，应该很快就能发现对方的"惯用方"了。

技巧二："视线管理法"

增强沟通便利性的"发表演讲的基本操作之二"，就是"**用
手指向发表演讲的内容**"。

当你给对方发表演讲时，要从"惯用方"那一侧开始着手。
除此之外，你一定要做到一边"用手指向"对方的或自己手中的
"一页纸"资料，一边进行说明。

这样做会发生什么呢？

> **可以让对方的视线集中到"一页纸"之上。**

并且还能:

> **将对方的全部注意力集中到你发表的演讲内容上。**

我给这个方法起了一个名字,叫作"视线管理"。

虽然听起来是个有点夸张的名字,但因为这个方法的确有效,而且经过了很多读者的实践检验,所以我才敢取这样的名字。这个方法的操作方式特别简单。

例如,你的领导非常繁忙,完全按照日程安排表分秒必争地工作,但此时你无论如何都想找到他,向他发表一个口头的简短演讲。

然而,领导的注意力完全集中在下一个工作项目上,根本没有心情认真听你说话。

在这种情况下,如果你还继续用口头演讲的方式,就很难将领导的注意力吸引到自己身上来。

而如果你拿来了"一页纸"资料并发表一个简短演讲的话,对方肯定会先看一眼你的资料。

此时,第一步"视线引导"就成功了。

144

然后，你开始用以下这种方式发表自己的演讲：

"我想跟您商量一下这份资料的事，首先从第一个框架开始说。"

在说话的同时，"用手指向"领导看的那份资料的最上方框架。

如果对方和自己距离较远，很难做到的话，就给对方展示自己的那份资料，同时"用手指向"相应的位置。

这样一来，领导的视线将会停留在资料中的"框架内"。

我之前讲过的"一页纸"资料上画的框架，实际上也具备"**让听者的视线停留**"的效果。如果听者的视线能集中在框架内，他就能集中理解资料上所写的信息，也更容易在脑海中留下印象。

你可以采用"**一页纸+框架+用手指向**"的组合搭配方式，调整听者的状态。

这些都做到之后，你就可以不用再局限于"视线管理"。

估计此时你的领导已经能够一直踏实地、集中精神地听完你的演讲了。

虽然只是个细微的小动作，但效果显著。

我也收到了很多学员的好评，比如，"做了这个动作后，对方真的把注意力集中到我的演讲上来了。""用这个简单的动作，就能让对方愿意倾听，这个方法真是让人眼前一亮啊！"

　　当我向争分夺秒的管理层人员发表演讲时，这个基本操作帮了我很大忙。就像我介绍"用蓝色笔还是黑色笔"时的情况一样，尝试这个操作并没有任何风险。而且这个操作还能给你带来很高的回报，所以请各位放心大胆地尝试一下吧。

技巧三：尽量用短句发表演讲

　　增强沟通便利性的"发表演讲的基本操作之三"，就是"尽量用短句说"。

　　首先，从对方"惯用方"那一侧开始发表演讲，"用手指向"资料进行说明，将对方的注意力集中到自己身上。然后顺着"一页纸"资料的顺序一直说下去就可以了……

　　然而这样一来，越是不擅长发表演讲的人，越是可能说成这样：

> "我这次之所以想要做这个项目，理由有三。第一是和其他公司相比，我们公司本来就没做过这个项目；而且有很多客户也提问说，为什么我们不开展此项业务；更何况我们已经做过预估，经费肯定在今年的预算之内。所以我很想做这个项目，因此我要发表一个关于这个项目的演讲……"

这段文字仅是阅读就让人感到很烦躁吧，我相信肯定有相当数量的人，都在用这种永远说不到句号的方式说话。

刚才的这段演讲，应该按照如下方式去说：

> "这次我想要做这个项目的理由有三。第一，竞争对手都在做，只有我们公司尚未实施。第二，客户希望我公司开展这个项目的呼声不断高涨。最后一点，我可以确保实施经费不会超过今年的总预算。"

从我构建"一页纸"思路整理法，并把这种方法传授给别人以来，已经过去七个年头了。

虽然在这七年间，我有过各种教学体验，但当初最让我震惊的，就是有的人"说话一直都说不完"。

框架可以让人从视觉上看出段落区别，所以一个人在发表演讲时，理应按照段落的顺序来说。

我认为这是理所当然的事，实际上，大部分学员也确实是这样做的。

但无论如何，总是会有一部分人，把好不容易才用框架区分出来的所有段落，都连成一整个长句去表达。

到底为什么要这样做呢？

在和众多学员对话后，我逐渐明白了其中的原因。

虽然原因有很多，但硬要总结成一点的话，就是：

没有"自己应该用短句说话"的"自觉"。

从心底里十分确信"自己只是说话直截了当"。

没有这种自觉的话，就不会有改进自己说话方式的动机。

甚至还有一个人，当我指出这个问题后，他坚持跟我说："我已经在用短句说话了啊！"

于是，我当场播放他发表演讲时的"**录音**"，并让他自己听。

当他问我"这真的是我吗？听起来声音不一样啊！我还以为是别人呢！"我也不知道该如何回答，不过从某种意义上说，这个反应让我觉得"以录音的方式检查演讲效果倒是一个很好的检查方法"。

无论是没怎么听过自己声音的人，还是听到自己的声音却未能识别的人，他们基本上很少能做到"**客观看待自己发表的演讲**"，所以他们自然也不清楚自己说话的习惯。

现在你还敢确定地跟我说"我只是说话直来直去"吗？

回答"是"的人，请一定要试着录一段自己发表的演讲，然后听一听。

现如今，只要有一部智能手机，任何人都能轻松录一段音频。或者你还可以使用语音识别功能，这个听起来更清楚。

将自己录下来的声音，实时转换成文字。

这样写出来，就能和字面意思一样，你可以"一目了然"地看清自己是否存在将两三句话合成一句话的倾向了。

我建议大家一定要认真检查一下，看在这个问题上，你是否存在自我认知上的偏差。

"一人对多人"演讲场景的技巧

接下来，让我们假设一种"**一人对多人**"的演讲情况。

请想象一个在会议室聚集5~10人的情况下发表演讲的场景，以远程方式而非面对面方式举办的会议就属于这种情况。

我们在实际操作时，出发点都是相同的，都是从本质入手去思考问题。

事情的关键就是要让我们的做法不断趋近"沉默是目标"的本质。

想要达成这一点，基本操作是做到以"展示"的方式传递信息。因此，如下演讲风格就是不可取的。

只在自己手头准备了一份资料，却没给参加会议的其他人发放资料，直接开始发表演讲。

可能有人会觉得"这种事情不可能出现"，但假如这是在召开连接多个用户的视频会议的情况下呢？

你身处的会议室中所有人都备齐了资料，你也提醒了其他地区的参会人员分别自行打印一份资料。这种情况应该还是挺多的。

但很可能依旧有人忘记打印资料就出席会议了。

因此，在这种情况下，请大家一定要在发表演讲之前，先确认一下是否所有参会人员手头都备齐了资料。

如果有关键人物参加远程会议的话，为了以防万一，你一定要事先和对方的秘书沟通联系，拜托秘书检查一下，确保对方已经准备好了一份资料，做好会前准备工作。

越是重要的项目，我们越要确保符合"纸质媒介＞电子媒介"的本质。

我觉得在这样的场景设定下，应该会出现将PPT幻灯片投影到屏幕上进行演讲的情况，或者是将电脑的桌面屏幕与参会人员进行共享，在桌面上播放幻灯片的情况。

在这种情况下使用的PPT幻灯片，请按照第2章中"格式3：PPT型"的方式制作。

在屏幕上投影幻灯片，或者共享电脑桌面，就能实现以"展示"的方式传递信息的目的。

那么，我们发放的资料应该如何处理呢？

如果用电脑屏幕共享桌面，你就不需要再发放资料了。但如果是在屏幕上投影幻灯片的话，我相信肯定有不少人都把PPT幻灯片原封不动地打印出来发放给参会人员。

但在无纸化时代，这种方式可不太环保。随着时代的发展，越来越多的场合都不允许这样浪费纸张了。

最重要的是，这样打印出来的PPT并不具备"一览性"，因此它无法充分发挥资料的作用。

那么资料到底该怎么制作呢？

> 给参会人员发放用"格式1：要点+详细型"或者"格
> 式2：详细内容较少型"制作的"一页纸"资料即可。

　　你只需追根溯源，用相同的"一页纸"思路整理法制作资料
即可。

　　区别在于，你是将PPT幻灯片资料化了，还是将"一页纸"
格式资料化了。

　　正因为我们的出发点是"思路整理比制作资料更重要"，所
以我们才能轻松做到这一点。

　　请大家有效运用这种兼容性，做到灵活掌握。

　　读到这里，可能会有一些读者抱有如下想法：

> "既然最终还是要制作'一页纸'资料，并发给大
> 家看，那我为什么不一开始就用'一页纸'资料发表
> 演讲，而非要制作一个PPT幻灯片呢？"

　　确实如此，实际上在大多数情况下，我们根本没有必要特意
准备PPT幻灯片。

　　特别是当你在制作资料时，并不需要使用图片，也不需要发
挥图片的"视觉辅助"作用，只需利用自己公司模板填写文字信

息，这种情况下真的有必要再制作一个PPT幻灯片吗？

如果你还被"发表演讲就是站在幻灯片投屏的屏幕前说话"的刻板印象所束缚的话，你是不会有这种想法的。

你是不是经常能看见这样的人，当他想把电脑和投影仪连上时，不是信号接触不好，就是电线的插口出错，搞得自己手忙脚乱。

如果你也曾因为这种情况搞得自己神经紧张，不妨换成不用投影的演讲模式试一试。

你是否仍然固执地留有刻板的印象，认为"发表演讲就是站在幻灯片投屏的屏幕前说话"呢？

我希望大家务必再次审视一下自己的看法。

我还想再补充一点，就是大家在"一对多"的情况下发表演讲时，必须提前认识到的一点。日语中有这样的常用语：

座右铭、座右之书、无人能出其右、附议从右（日语中表示自己的看法与上位者相同、附议上位者的意思）。

这些常用语是体现事物本质的来源，根据这些常用语可知：

坐在右边的人级别更高，是关键人物，是决策者。

例如，假设你需要在商务洽谈中发表演讲，由于你和对方第一次见面，并不清楚他们的人际关系和上下级关系。在这种情况下，你基本上可以做出这样的判断："**从自己的角度看过去，坐在左侧的人级别更高**"，并可以在发表演讲时积极地与对方进行眼神交流。

当然，也有可能仅仅因为那一侧是对方的"惯用方"，所以他才坐在那里。

因此，当你和对方交换名片时，一定要确认对方的头衔是什么，或者在最初对话时观察他们发言的顺序，再进行综合判断。

和"惯用方"一样，我想大部分读者也压根儿没注意过这件事。虽说将"一页纸"资料"展示"给对方发表演讲才是我们要实现的本质，然而在这个本质周围，还环绕着很多有意思的话题。

面向多人发表演讲的基本技巧

最后我来讲讲"**面向多人**"发表演讲的情况。这种情况下人数大概在30人以上，根据场合不同，还可能超过100人。

对于一般的企业人员来说，在这种场景规模下演讲，往往是在公司内部的全体会议上。如果是在公司以外的地方，则可能是在公关集会活动上发表演讲。

基本上来说，大家只需将目前为止所学到的东西灵活地套用进去就可以了。在此基础之上，我再为大家补充三个尽可能展现演讲本质的技巧。

技巧一：用自己的立场缓和紧张

第一个技巧就是实际运用我们在"一对一"演讲场景中学到的"惯用方"。

具体来讲，当你自己以演讲者的身份登场时，要做到"**从观众席角度看，演讲台在你的'惯用方'那一侧登台演讲**"。

因为我的惯用方是"左"，所以我会把演讲台安置在我的右侧，即可以从我的左侧看见观众的那一侧。

这样做的话，我在发表演讲时更容易把控整个会场的气氛。因为我能更加清楚地看到听者的表情，所以我可以一边观察听者反应，一边调整说话内容。

此外，这个做法还有一个优势，那就是：

> **即使在多人面前发表演讲，我也不容易感到紧张。**

相信很多读者都渴望拥有这个优势吧。写出来看似轻松，其实紧张的本质是"自我意识过剩"。正因为太在意自己，你才会感到紧张。而如果你反过来把注意力放在对方身上，就能缓和自己的紧张情绪了。

关于这一点，最近发生了一件令我印象深刻的事。

在某次登台演讲结束后，我在活动后的联谊会上碰到了一个跟我搭话的人。我看着那个人，注意到了"某些情况"，于是我就试着问了他这样一句话："你是不是喜欢前泽友作先生（日本收藏家、企业家）?"

那个人穿着一件T恤，胸前写着"Let's start today"。这个T恤是前ZOZO（日本著名时尚购物平台）创始人前泽友作先生和软银集团孙正义先生一起出席前泽友作卸任ZOZO股东发布会时穿的那件T恤[1]。而让我惊讶的是这个人听到这句话的反应。

---

① 2019 年 9 月 12 日，前泽友作与孙正义身穿同款 T 恤，共同出席新闻发布会，前泽友作确认将持有的绝大部分日本时尚商务平台 ZOZO 的股权出售给"日本雅虎"，日本雅虎是孙正义软银旗下的公司。——译者注

"我今天和十多个人聊过天，浅田老师您是第一个注意到这件T恤的人！"

当时那场活动吸引了100多名阅读过大量商务类书籍、商业意识极高的参加者。但即使在这种成员级别的活动中，仍有过半的人对这件T恤的来头一无所知。

令人遗憾的是，之所以大多数人都没发现，是因为"大家只关心自己"。

目视对方，然后说一些你注意到的情况，你真的只需做到这些就可以。如果你连这些都做不到，就说明你并没有关注对方，而是在关注自己。我们在商务沟通类书中，经常能看见这样的描述："人只对自己感兴趣"，虽然表达略显不当，但我认为人的本质的确如此。

就是因为这样，人才会感到紧张。所以，关键问题在于，我们应该如何摆脱"自我意识过剩"。

因此，我站在许多人面前演讲并不会感到紧张，而且我经常会观察参会的学员们。

如果看见有人打瞌睡了，我就会转变话题，或者结合实际工作发表演讲。

如果有人露出了"我不明白"的表情，我会补充一些具体的例子；或者我还会看看是不是有人脱了外套，从而判断会场的温度是否需要调节。

> **我没有时间去关心"自己"。**

这就是我作为一名职业教育者、演讲人，在开展日常工作时的真心话。而且越是那些在发表演讲时不紧张的人，越赞同我这个观点。

不过，因为要关心对方情况、观察对方反应，所以演讲者都会希望听者身处自己的"惯用方"一侧。这就是要做到"**从观众席角度看，演讲台在你的'惯用方'那一侧登台演讲**"的含义了。如果你看到这里觉得"原来如此"，就先从确定自己的"惯用方"开始试试看吧。

技巧二：灵活运用"沉默"

第二个技巧就是灵活运用"沉默"。
我们先要搞清楚一个前提，由于无纸化、高成本等原因，越是在人多的场合下，就越不可能给大家发放资料，而且这种情况在今后也会越来越多。因此，无论是灵活利用资料和框架线条进行视线管理，还是让听者的注意力都集中在一起，都会变得更困难。

那我们该怎么办呢？唯一的办法就是让听者把注意力全都集中到演讲者身上。

> "让听者全都注意我，我会更紧张的……"

有这种想法的人，请尝试将你的PPT幻灯片投影到屏幕上，再发表演讲。这样一来，大家的注意力就集中到了屏幕上，而不是你身上，你也能避免被听者的视线所包围。但这样做的话，你将很难做到"用手指向"屏幕。

所以我们要用"沉默"替代"用手指向"。

> "现在我要开始发表我的演讲了……等大家的注意力都集中到我这里以后，我再开始。"

比如，你在演讲前说了这样一段话，但其实你可以这样做：

> 在对方将注意力聚集过来之前一直保持"沉默"。

这样做就可以发挥作用。就像人天生讨厌空白一样，人也讨厌沉默，特别是在一群人的情况下。

大家都会想："那你就赶快开始吧。"

然后，那些一开始低头看手机的人，应该都会抬头看向你这边了。那些打开电脑的人，也会合上电脑，望向你的方向。

请你一直保持沉默，直到在场所有人都望向你和屏幕所在的方向。

其实也不需要那么久。就算是在数百人参会的会场里，保持沉默的时间在10秒钟左右，也足够让所有人都看向你的方向了。而且因为日本人的团队意识较强，他们普遍对"只有自己在做其他事情而给周围人添麻烦"的状况比较敏感，所以效果会更好。

虽然具体情况不太一样，但这也可以算是一种"沉默是目标"的体现。

技巧三：客观看待自己发表演讲的方法

接下来我将说最后一个技巧了，所以我要给大家介绍一点特别的东西。

培养客观看待自己演讲的**"另一个自己"**。

这是一个相当深奥的本质。如果你反复聆听那些优秀的演讲者发表的演讲，会发现他们所说的话都有"某些共性"。

他们都在用客观看待自己演讲的**"另一个自己"**进行讲话。

当你能够以"另一个自己"的状态发表演讲时，你的行为举止都会从根本上发生改变，你将能做到从容不迫地、胸有成竹地演讲。

如果你没有办法进入"另一个自己"的状态，即便你学习了很多演讲技巧，也没办法熟练掌握和运用这些技巧。

那么，我们应该如何培养"另一个自己"呢？

拍摄一段自己发表演讲时的视频，至少看10遍以上。

可以尝试一下这个方法。

操作流程和我们录音时一样，并且录视频这个方法也很简单。

大家在真正发表演讲之前，一定要事先排练一下。在排练的时候，将你的演讲录成视频。然后再沉下心来，将这段录像反复观看10遍以上。

我为什么要让大家反复观看10遍以上呢？因为我想让大家看一下"自己发表演讲的形象"。我希望大家先消除对这件事情本身的紧张感。

遗憾的是，即使我跟大家介绍了这个方法，仍旧有很多人不会去做。他们会说："我实在看不了自己发表演讲时的形象"。

可是，如果你今后想要成为一名优秀的演讲者，我觉得"**看见自己演讲时的形象也不会觉得紧张**"应该是最低条件了。

至今，我仍然每次都会录下自己参加的研讨会，演讲完后再回过头看。这种行为我已经做过100多次了，所以即使我现在看见自己的形象、听见自己的声音，也不会感到紧张。

确实如此。

这种做法会诞生一个"以冷静的状态进行自我观察的自己"，这就是"另一个自己"。而且，当你培养"另一个自己"时，你就能注意到自己的一些小癖好或者奇怪的小动作。但请不要因此而陷入自我嫌弃，或感到沮丧。

淡然处之，你就能渐渐减少这些毛病了。

在本章节中，我一直在强调"以展示的方式传递信息"的重要性，但在"是否给对方展示资料"这一话题之前，其实我们真正需要讨论的是：

> **"大家是如何看待你的，这才是问题的关键"。**

我们将在"终章"对这一话题进行深入探讨，此时我希望大家做到的是：

> **去"录音""录像"，然后"客观地看待自己"。**

这是使你成为一名优秀演讲者的最基本操作，也是一项我怎么强调都不为过的重点。

面向许多人发表演讲的三个技巧，我就介绍到这儿。

这种面向多数人演讲的情况，是我平时工作的主战场，其实我还有其他各式各样推进日常演讲工作的技巧。

我从中选择了三个对读者最有效的技巧，并加以解说。

在即将结束第3章内容之际，我还有最后一段话要说。

想要同时实践我讲过的全部内容是很难的。请试着从中挑选一个你认为最容易做到的，并加以尝试。

在一开始你肯定会遇到不太顺利的情况。

如果遇到这种情况，希望你不要"全盘否定"我写的内容，而是以"部分否定"的方式回顾本书。也就是说，我希望你能回过头来，试着看看我写的内容里，"你做了什么，没做什么"。

如果以"部分否定"而非"全盘否定"的方式检查原因的话，你自然就能找到"部分肯定"的内容。

对自己学会并能做到的部分，不要吝啬夸赞，坦率地表扬自己；对没做到的部分，就反复阅读本书，不断实践。经过日积月累，你也能成为一名优秀的"一页纸"演讲者。

到那时，请一定要让我聆听一下你发表的演讲。

我很期待这一天的到来。

从"一页纸"
回归"0页纸"

"0页纸"目标

　　非常感谢你的阅读。通过从第1章到第3章的学习，你是否弄清了如下内容？

- **什么是"一页纸"演讲？**
- **为什么"一页纸"演讲很重要？**
- **如何实践"一页纸"演讲？**

　　这三个"What""Why""How"的问题你应该已经有答案了。你接下来要做的，就是将这些知识运用到自己的实际工作当中，不断提高自己的经验值。

　　但是……

　　我还有最后一个，必须要写出来的内容。

　　我在第3章中介绍了"沉默是目标"这一关键点。

　　这个目标就是通过"展示""一页纸"传递的信息达成的。

　　这个回答本身是完全正确的，但其实这个回答仍是"初期实践水平的回答"。

那么,"更高水平的回答"是什么呢?

> **目标是"0页纸",即使不给对方展示资料,仍能传递信息。**

因为这是更高水平的回答,所以我放在最后一章进行讲解。

同时我希望这本书的使用时间更长、适用范围更广,我还希望对比我接下来要写的内容和我之前写过的内容,你们的认识也能更加深刻。

为了窥见将来时你自己的模样,请你继续往下读吧。

逐步提高你的"存在感"

我还想再跟大家分享一个关于发表演讲本质的话题。

> **演讲其实就是"存在"。**

"Presence"一词的确切词义很难明确地翻译出来，在本书中，这个词指代的意思是：

> **存在等同于存在感、信赖感、你至今为止所积累的东西。**

所以，如果演讲是由存在感所决定的，那么发表演讲最重要的就是：

- 你平时积累了哪些风格的言行举止和工作作风？
- 迄今为止，你和演讲对象之间构建过什么样的关系？
- 你是否做到了向初次见面的人成功传递信息的准备？

这些都是决定你演讲成败的关键因素。

如果你的存在感已经达到了向对方成功传递信息的水平，那你就不再需要"一页纸"演讲的各种技巧了。

你只需要说："我认为A方案更好"，就能通过了。

你只需要说："这个产品一定会对顾客有所帮助"，即使你不准备演讲的资料，顾客也会蜂拥来购买。

你只需要说出结论即可，即便不怎么论证，提议也能通过。

168

你每一天都能瞬间完成提案、报告、联络、商谈等工作。

这就是超越了"一页纸"演讲的"0页纸"演讲所展现给你的世界。

当然，这种工作状态肯定不是一朝一夕即可达成的。

但如果你已经踏入社会10多年了，我想问你一个问题：

> **"有多少人对你说过'0页纸'演讲也可以呢?"**

你回答这个问题的数量越多，越说明你能自如地运用"深入思考能力"，你在更多人身上发挥了这个能力的作用，也赢得了更多信任。

而反过来，如果你脑海中一个人名也浮现不出来的话……

为了今后身边能有更多人对你说"用'0页纸'演讲也可以"，我呼吁你首先进行"一页纸"演讲的实践练习。

对那些认为你"'0页纸'演讲也可以"的人，你并不需要再详细解释说明什么了。

即使你不制作资料，这种人也能轻松理解你的意思，哪怕用聊天的方式，你也能和对方实现深入沟通。

因为对方的前提是："我相信你所说的内容"，因此你能在最短时间内完成一个演讲。

顺便提一下，有一本书将这段话的意思浓缩成书名了，叫作《信任的速度》，大家可以自行阅读。

正所谓，"**信任是提高传递速度的源泉**"。

如何与对方建立信任关系

我是10多年前阅读了《信任的速度》这本书。

当时，阅读完这本书，我便找到了一个契机，使自己能明确地用语言描述出"丰田'一页纸'文化的生命线到底在哪里"。

我发现，想要实现"一页纸"即可成功地发表演讲，必须建立在听者和演讲者之间拥有"信任关系"的基础上。

所以如果你和对方并没有建立起基本的信任关系，即使你完全按照本书实践了"一页纸"演讲，你发表的演讲可能还是会受到对方的吐槽。

只要你收到了对方"我相信他真的没问题吗"之类的怀疑目光，你将很难充分发挥"一页纸"演讲的效果。

我在第3章中介绍了"0秒"演讲的A先生和B先生的例子，

正因为他们和领导之间存在着信任关系，所以他们才能经历例子中从"之前"到"之后"的体验。

> **"一页纸"演讲是否有效，取决于你和对方的信任程度。**

那么，我们应该如何与对方建立信任关系呢？只需做到每天对工作进行深入思考，将思考的结果总结成"一页纸"，并以简单易懂的方式，将信息传递给对方即可。

这段话听起来有点像"世界上先有鸡还是先有蛋"的问题，不过，如果你能孜孜不倦地付诸实践，那么你成功使用"一页纸"传递信息的情况将会不断增加。

而且，通过不断地积累日常经验，最终你也能达到"0页纸"就能传递信息的水平。我希望大家能提前有这种领悟。

我还想和大家分享一个七年前的故事，非常幸运的是，现在优衣库网站上仍然保留了这个故事。接下来，我就和大家分享一下日本新宿区某处"必客"①商厦的故事。

给"必客"命名的人是创意总监佐藤可士和先生。

我想引用一下当时他和柳井先生②进行的一段对话。

---

① 日本大型连锁商业企业，是必酷相机公司与优衣库合作店铺。——译者注
② 指柳井正先生，优衣库董事长。——译者注

171

> 柳井董事长当时是这么说的："这个店铺的名字非常重要啊！可士和先生，请您帮我好好想想吧。"即使是佐藤总监，他也为难道："您这么猛地一说我也没什么概念啊。"不过他考虑到了名字必须有冲击性，在琢磨了两三分钟后，他回答："既然是必酷（bic camera）和优衣库（uniqlo）合作的店铺，就叫必客（bic qlo）吧。"随后，柳井董事长点点头："嗯，'必客'这个名字不错。"
>
> 周围的大多数人都以为他是在开玩笑。然而，柳井董事长却再次确认道："来到必客，就能让人惊喜[①]啊！"这个命名就逐渐被沿用下来了。

我觉得这应该可以被看作是"0页纸"演讲的例子。

如果是你或者是我，跟柳井先生说"就叫必客吧"，这个提议肯定不会被采用的。但正是因为佐藤可士和先生积累了如此之多的实际业绩，也正因为他和柳井先生共同构建了相互信任的人际关系，这个决策才有可能成立。

大家对"0页纸"所展现的世界，应该有所了解了吧。

---

① 日语中"吃惊"一词念 bikkuri，发音与必客发音类似。——译者注

由"0页纸"和"一页纸"交织而成的螺旋楼梯

值得注意的是，特别是在面向多人发表演讲的情况下，决定演讲成败的是我们在初期阶段学过的"发表演讲的内容"。

关于这一点，你通过学习本书1~3章的技巧已经足够应对了。

但是，决定更高水平演讲者的优劣程度的，应该是你的"存在感"，即"你日常工作的全部内容"。

你是否能做好日常的工作积累，将影响你发表演讲时能否快速传递信息、能否快速作出决定，甚至将影响你的一切。那么，你决定给周围的人展示怎样的日常工作姿态呢？

去实践本书内容吧。实践之后，你就能提高自己的"深入思考能力"。

"深入思考能力"也是提高你"存在感"的关键因素。

现在请你回忆一下本书前半部分所学的内容。

在"深入思考"基础上编织出的语言，能产生"说服力"。

说服力，也就是存在感。因此，我把这一观点转写成了下面这段话：

> **既然"演讲"就是"存在感"，那么，"存在感"就是"深入思考的能力"。**

由此可知，**"演讲"就是"深入思考的能力"**。

现在大家能理解我为什么会在序章中，对企业员工被剥夺了"深入思考能力"的现状，敲响警钟的原因了吧！

如果一个人没有"深入思考的能力"，其"存在感"也会随之消失。

在今后的时代中，提高"存在感或深入思考的能力"将会变得越来越难。尽管如此，随着数字化进程的不断推进，人们不得不以"无纸化"的方式发表演讲的情况还是会变得越来越多。

坦率地想一想，我觉得商务沟通的未来前景其实是灰暗的。如果我们继续放任下去的话，整个国家都可能会陷入沟通障碍之中。

我们到底应该怎么做，才能避免这样的未来呢？

我认为，我们无论如何都要养成"反复整理思路，通过深入思考开展工作的习惯"。这是在个人层面，你能够做出的努力。

在遇到本书之前，你可能一直发表"**0页纸**"演讲。

遇到本书之后，你将实践"**一页纸**"演讲。

但是，最终目标，你将树立"存在感"，回归"**0页纸**"演讲。

这个过程究竟需要多少年，情况因人而异，但是我衷心地希望你能在将来的某一天，再次回归"0页纸"的世界，因为"一页纸"的世界绝不应该成为你的永久居所。

> **从"0到1"，再从"1到0"。**

我自己也还行走在这段旅途当中。让我们一起攀登这段"由0和1交织而成的螺旋楼梯"吧！

当你"通读、做透、深思熟虑"之后，你眼前所展现的世界

我从学生时代开始，就一直喜欢看"假面骑士"[①]系列特摄片，至今已经看了20多年了。

如今，这个特摄片已经成为我的一种执念了，直到现在我仍然无法停止观看。

虽然我并不知道它什么时候完结，但我无论如何都打算一直看到最后。

因为我已经坚持了20多年，所以即便是这样一件小事，也有了令人惊讶的效果。

从2019年年末到2020年年初，在撰写本书期间，《假面骑士零一》上映了。

作为令和元年[②]，也就是令和时代的零一，这位最初的假面

[①] 日本三大特摄片之一，讲述假面英雄的故事，按照日本年代的变化，分别为昭和骑士、平成骑士、令和骑士，其中昭和、平成、令和为日本年号，作者在后续举例时，有意模仿假面骑士的名字以示区别。——译者注

[②] 令和是日本新年号，2019年5月1日开始使用，2019年被称为令和元年。——译者注

骑士被冠以"零一"的称呼。

而我这本书对我来说也是"令和时代的最初之作"。

正因如此，我才对假面骑士的制作团队如何构建"令和时代第一部作品"的要素十分关心，仿佛那是自己的事儿一样。

制作团队给出的答案是"元年=零一=数字化"。

因此，这部作品中诸如"人工智能""奇点""深度学习"等一些未来新时代的关键词层出不穷。

但因为要构建一个能让年轻人理解的世界观，所以整部作品的总基调，也不外乎"机械与人类对抗"之类的设定。

不过，以上观点只是我个人的解读。对我来讲，"零一"到底意味着什么呢？关于这个问题，我思索了一番。

我绝对是唯一一个用这种"怪诞"的手法进行概念创作的商业作家。

实际上我脑海中浮现的概念是下面这句话：

> 零一就是"0页纸"和"一页纸"。

从这儿开始，我制作了如下剧本：

- 近年来，由于数字化进程的影响，越来越多的企业人士以
  "0页纸"的方式完成工作。但是，大家"深入思考的能
  力"也因此逐渐弱化。
- 人类对抗数字化的武器，就是"一页纸"演讲。不过，在
  "一页纸"演讲之上，还有一个"0页纸"，"0页纸"身上
  汇聚了名为"存在感"的灵气。
- 人们从"0页纸"到"一页纸"，最后再次通往"0页纸"
  的世界。

我从没想过我会在观看假面骑士的同时，给自己的书构思出
一个"剧本"来，但不管如何，我都认为自己一定能写出一部配
得上令和时代初始之作的与众不同的书。

这真是一次非常愉快的写作经历。

本书是在我收到日本实业出版社大野雄树先生的编写邀请后
才得以出版的。借此机会，我对大野先生表示深深的感谢。由于
大野先生一直都在营业部门工作，所以这本书其实是他身为编辑
的处女作。

所以对大野先生来说，这本书也是他的"零一"。

我出版处女作品时也有这种体验，"零一"蕴含着一种难以

結束語

形容的、不可思议的能量。

当本书的"零一力量"传递给更多读者时，我希望这份力量能成为各位读者手中的原动力。

这是我由衷的期盼。

此外，我还有一些需要特别鸣谢的人。

本书执笔期间，我家里同时扶养了两个孩子，一个3岁，一个1岁。

我时常很难确保自己拥有足够多的写作时间，多亏了妻子及其他很多人的支持，我才一路走到现在。

真的非常感谢你们！

最后，请让我对我的读者们表示由衷的感谢。

谢谢你一直阅读到这里。

"远离阅读"的说法已经喊了很久，像你这样一口气"通读"到最后的读者，实在是难能可贵。

在本书中我使用了"深入思考""全力以赴""努力攀登"等措辞，都是为了强调"坚持到底"的重要性。

这一次，你将本书读到最后的"通读体验"，一定会成为你今后人生的一大财富。

希望你能从心底里给自己点赞。

我由衷地支持你迈出你的"零一"，你的第一步。

浅田卓
2019年
于京都